CONCERTS
Du Jardin

1re Année. — No 29
TIRAGE QUOTIDIEN
2,000 Exemplaires

MILITAIRES
des Tuileries

BUREAUX
et
ADMINISTRATION
21, Rue Bergère, 21

HERNIES HÉMORRHOIDES

Méthode sûre. 10 ans de succès. Nouvel appareil infaillible, garanti sans souffrance. Traité CREUZOT, fr 5. Cons. de 1 à 6 h. et par corresp., rueSaint-Honoré, 332.

APPROBATION DES SOMMITÉS MÉDICALES.

Bourse des Locations immobilières

GALERIE VIVIENNE, 55, 57, 59

MM. les propriétaires sont invités à faire connaître les locations vacantes dans leurs immeubles.

Ces Renseignements sont fournis gratuitement aux personnes qui les demandent.

AU PASSAGE DELORME

LITERIE ET MEUBLES

MAISON DE CONFIANCE FONDÉE EN 1789
262, RUE SAINT-HONORÉ, EN FACE LE PASSAGE

J. LITZELMANN

Envoi franco dans toute la France.
Gros et Détail.

VIN DE QUINQUINA TITRÉ

Au bordeaux 2 francs 75 le litre, 1 francs 75 le demi litre
Au Malaga 4 francs 75 le litre, 2 francs 75 le demi litre
Livraison franco à domicile
Pharmacie G. GENDRON,
Boulevard Beaumarchais, 67.

TROISIÈME ÉDITION DU BEAU ROMAN

MARIE FAVRAI

JEUNE FILLE PAUVRE

Par Madame Badère

Marie Favrai est une étude prise sur nature et dans le vif de la société actuelle; c'est un grand drame émouvant et saisissant d'intérêt

Chez Dentu, Palais-Royal

LA PARISIENNE

21, RUE BERGÈRE, 21

AFFICHAGE

Paris et Province

SPÉCIALITÉ

DE BANDE-ADRESSES —PLIAGE ET MISE SOUS BANDE

PROGRAMME

du

Mardi 11 août 1874

TUILERIES — De 5 à 6 1/2

GARDE RÉPUBLICAINE

CHEF : M. Sellenick

1. Guillaume Tell...... Rossini
2. La Marengotte...... Sellenick
3. Ouverture du Naufrage de la Méduse (1re audition)...... Reisiger
4. Le Trouvère...... Verdi
5. Les Petits Oiseaux...... Douard

A SAINT-JOSEPH

GRANDS MAGASINS DE NOUVEAUTÉS

117-119, rue Montmartre, 2, rue Joquelet

Paris.

OCCASIONS ACTUELLES
FAILLES NOIRES POUR JUPONS

Faille noire, gros grain, larg. 60 c. le mèt..	3 90
Faille, gros grain, *noir dépouillé*, larg. 60 c. le mètre	4 90
Faille noire, gros grain, *qualité extra*, larg. 60 cent. le mètre..................	5 75
Drap Saint-Joseph, uni, *nuances nouvelles* le mètre................	» 65
Satin pure laine, très-belle qualité, le mèt.	1 25
Cheviot, tissu anglais pour costumes de voyage, le mètre..............	1 95
Alpaga noir, *affaires hors cours*, larg. 80 c. le mètre..............	1 45
Cachemire d'Ecosse noir, largeur 120 cent. le mètre..............	3 25
OCCASION. Cravates-Duchesse, val de 6 fr. A SAINT-JOSEPH..............	2 45
Cravates Lavallière, *tout soie*.............	» 25
Valise voyage grand modèle fermant à clef.	4 25

TROUSSEAUX POUR COLLÉGES ET PENSIONS
Envoi franco en province et à l'étranger.

CONCERT DE LA SCALA

13, BOULEVARD DE STRASBOURG, 13

THEATRE A CIEL OUVERT

Tous les soirs à 7 h. 1/2 concert, spectacle
DIMANCHES ET FÊTES CONCERT DE JOUR DE 2 A 5 HEURES
Prix d'entrée : 50 c. et 1 fr. places réservées.

ON DEMANDE

Un associé ou commanditaire avec apport de 3,000 fr, pour exploiter un objet (breveté), de première nécessité et indispensable au Commerce S'adresser à l'administration des Concerts militaires, 21, rue Bergère.

Le matin de 9 à 11 heures, le soir de 2 à 4 heures.

A LA CAPITALE

Grands magasins de nouveautés

Ne vendant que d'excellentes marchandises
ET VENDANT RÉELLEMENT LE MEILLEUR MARCHÉ
De TOUTE LA FRANCE
57, Chaussée-d'Antin, rue St-Lazare et pl. de la Trinité

MIGRAINES NÉVRALGIES

calmées à l'instant par
Le PAULLINIA CLÉRET
Pharmacie des Panoramas, 151, rue Montmartre
5 francs la boîte.

CHANGEMENT DE DOMICILE

DU

PHOTOGRAPHE

DISDERI

ACTUELLEMENT

6, Boulevard des Italiens, 6

NON PLUS
MAISON ROBERT-HOUDIN
MAIS A COTÉ

AU No 6

PROPRIÉTAIRES : MM. ROCHETTE et Cie   Imprimerie PAUL LIBÉRAL et Cie, 20, rue St-Joseph

WILLIAM ROGERS

DENTISTE DE LONDRES

Paris, 270, rue Saint-Honoré. (EN FACE LE PASSAGE DELORME)

CONCERTS
du Jardin du

MILITAIRES
Palais-Royal

1re Année. — N° 30
TIRAGE QUOTIDIEN
2,000 Exemplaires

BUREAUX
et
ADMINISTRATION
21, Rue Bergère 21,

HERNIES HÉMORRHOIDES

Méthode sûre, 10 ans de succès. Nouvel appareil infaillible, garanti sans souffrance. Traité CREUSOT, fr. 5. Cons. de 1 à 6 h. et par correspondance, rue Saint-Honoré, 312.

APPROBATION DES SOMMITÉS MÉDICALES

Bourse des Locations immobilières

GALERIE VIVIENNE, 55, 57, 59

MM. les propriétaires sont invités à faire connaître les locations vacantes dans leurs immeubles.
Ces Renseignements sont fournis gratuitement aux personnes qui les demandent.

AU PASSAGE DELORME
LITERIE ET MEUBLES

MAISON DE CONFIANCE FONDÉE EN 1789

262, RUE SAINT-HONORÉ, EN FACE LE PASSAGE
J. LITZELMANN
Envoi franco dans toute la France.
Gros et Détail.

VIN DE QUINQUINA TITRÉ

Au bordeaux 2 francs 75 le litre, 1 franc 75 le demi-litre
Au Malaga 4 francs 75 le litre, 2 francs 75 le demi-litre
Livraison franco à domicile
Pharmacie G. GENDRON,
Boulevard Beaumarchais, 67.

TROISIÈME ÉDITION DU BEAU ROMAN
MARIE FAVRAI
JEUNE FILLE PAUVRE
Par Madame Badère
Marie Favrai est une étude prise sur nature et dans le vif de la société actuelle; c'est un grand drame émouvant et saisissant d'intérêt
CHEZ DENTU, PALAIS-ROYAL.

LA PARISIENNE
21, RUE BERGÈRE, 21.
AFFICHAGE
Paris et Province
SPÉCIALITÉ
DE BANDES D'ADRESSES — PLIAGE ET MISE SOUS BANDE

PROGRAMME
du
Mercredi 12 août 1874

PALAIS-ROYAL -- de 5 à 6 1/2

71e DE LIGNE

CHEF : M. Boyer

1. Allegro militaire .... SELLENICK
2. Le Trouvère (fantaisie) .... VERDI
3. La Fille du Régiment (fantaisie) DONIZETTI
5. Lucie (fantaisie) .... DONIZETTI
4. Les Cent Vierges (valse) ...... LECOCQ
6. La Gazelle (polka) .... ALINE DEBOIS

A SAINT JOSEPH

GRANDS MAGASINS DE NOUVEAUTÉS
117-119, rue Montmartre, 2, rue Joquelet
Paris
OCCASIONS ACTUELLES
FAILLES NOIRES POUR JUPONS

Faille noire, gros grain, larg. 60 c le mèt.	3 90
Faille, gros grain, *noir dépouillé*, larg. 60 c. le mètre	4 90
Faille noire, gros grain, *qualité extra*, larg 60 cent. le mètre.............	5 75
Drap Saint-Joseph, uni, *nuances nouvelles* le mètre	» 65
Satin pure laine, très-belle qualité, le mèt.	1 35
Chevlot, tissu anglais pour costumes de voyage, le mètre.............	1 95
Alpaga noir, *affaires hors cours*, larg. 80 c. le mètre	1 45
Cachemire d'Ecosse noir, largeur 120 cent. le mètre	3 25
OCCASION. CravatesDuchesse, val. de 6 fr. A SAINT-JOSEPH	2 45
Cravates Lavallière, *tout soie*	» 25
Valise voyage grand modèle, *fermant à clef*	4 25

TROUSSEAUX POUR COLLÉGES ET PENSIONS
Envoi franco en province et à l'étranger

CONCERT DE LA SCALA
13, BOULEVARD DE STRASBOURG, 13
THÉATRE A CIEL OUVERT
Tous les soirs à 7 h. 1|2 concert, spectacle
DIMANCHES ET FÊTES, CONCERT DE JOUR DE 2 A 5 HEURES
Prix d'entrée : 50 c. et 1 fr. places réservées.

ON DEMANDE Un associé ou commanditaire avec apport de 3,000 fr. pour exploiter un objet (breveté) de première nécessité et indispensable au commerce. S'adresser à l'administration des Concerts militaires, 21, rue Bergère.

A LA CAPITALE
Grands magasins de nouveautés
Ne vendant que d'excellentes marchandises
ET VENDANT RÉELLEMENT LE MEILLEUR MARCHÉ
De TOUTE LA FRANCE
57, Chaussée d'Antin, rue St-Lazare et pl. de la Trinité.

MIGRAINES NÉVRALGIES
calmées à l'instant par
Le PAULLINIA CLERET
Pharmacie des Panoramas, 151, rue Montmartre.
5 francs la boîte.

CHANGEMENT DE DOMICILE
DU
PHOTOGRAPHE
DISDÉRI
ACTUELLEMENT
6, Boulevard des Italiens, 6
NON PLUS
MAISON ROBERT-HOUDIN
MAIS A COTÉ
AU N° 6

WILLIAM ROGERS
DENTISTE DE LONDRES
Paris, 270, rue Saint-Honoré, (EN FACE LE PASSAGE DELORME)

CONCERTS
du Jardin du

MILITAIRES
Palais-Royal

1re Année.—N° 31
TIRAGE QUOTIDIEN
2,000 Exemplaires

BUREAUX
et
ADMINISTRATION
21, Rue Bergère 21,

HERNIES HÉMORRHOIDES

Méthode sûre, 10 ans de succès. Nouvel appareil infaillible, garanti sans souffrance. Traité CREUSOT, fr. 5. Cons. de 1 à 6 h. et par correspondance, rue Saint-Honoré, 332.

APPROBATION DES SOMMITÉS MÉDICALES

Bourse des Locations immobilières

GALERIE VIVIENNE, 55, 57, 53

MM. les propriétaires sont invités à faire connaître les locations vacantes dans leurs immeubles. Ces Renseignements sont fournis gratuitement aux personnes qui les demandent.

AU PASSAGE DELORME
LITERIE ET MEUBLES
MAISON DE CONFIANCE FONDÉE EN 1789
262, RUE SAINT-HONORÉ, EN FACE LE PASSAGE
J. LITZELMANN
Envoi france dans toute la France.
Gros et Détail.

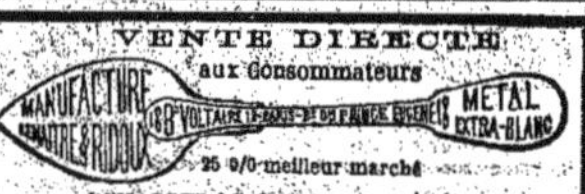

VIN DE QUINQUINA TITRÉ

Au bordeaux 2 francs 75 le litre, 1 francs 75 le demi-litre
Au Malaga 4 francs 75 le litre, 2 francs 75 le demi-litre
Livraison franco à domicile
Pharmacie G. GENDRON,
Boulevard Beaumarchais, 67.

TROISIÈME ÉDITION DU BEAU ROMAN
MARIE FAVRAI
JEUNE FILLE PAUVRE
Par Madame Badère

Marie Favrai est une étude prise sur nature et dans le vif de la société actuelle; c'est un grand drame émouvant et sal issant d'intérêt
CHEZ DENTU, PALAIS-ROYAL.

LA PARISIENNE
21, RUE BERGÈRE, 21.
AFFICHAGE
Paris et Province
SPÉCIALITÉ
DE BANDE-D'ADRESSES — PLIAGE ET MISE SOUS BANDE

PROGRAMME
du
Jeudi 13 août 1874

PALAIS-ROYAL — de **5 à 6 1/2**

48e DE LIGNE

CHEF : **M. Pochet**

1. La Guerrière (allegro militaire). BOUSQUET
2. Le Prophète (fantaisie)........ MEYERBEER
3. Le Fremerberg (styrienne)..... KŒNEMANN
4. Faust (fantaisie).............. GOUNOD
5. Havanaises méxicaines (danse). DIAZ
6. La Turquoise (polka).......... MUSARD

À SAINT JOSEPH

GRANDS MAGASINS DE NOUVEAUTÉS
117-119, rue Montmartre, 2, rue Joquelet
Paris
OCCASIONS ACTUELLES
FAILLES NOIRES POUR JUPONS

Faille noire, gros grain, larg. 60 c le mét. **3 90**
Faille, gros grain, *noir dépouillé*, larg. 60 c. le mètre **4 90**
Faille noire, gros grain, *qualité extra*, larg 60 cent. le mètre........ **5 75**
Drap Saint-Joseph, uni, *nuances nouvelles* le mètre .... » **65**
Satin pure laine, très-belle qualité, le mét. **1 35**
Cheviot, tissu anglais pour costumes de voyage, le mètre........ **1 95**
Alpaga noir, *affaires hors cours*, larg. 80 c. le mètre........ **1 45**
Cachemire d'Ecosse noir, largeur 120 cent. le mètre........ **3 25**
OCCASION. Cravates Duchesse, val. de 6 fr.
A SAINT-JOSEPH........ **2 45**
Cravates Lavallière, *tout soie* .... » **25**
Valise voyage grand modèle, *fermant à clef* **4 25**

TROUSSEAUX POUR COLLÉGES ET PENSIONS
Envoi franco en province et à l'étranger

CONCERT DE LA SCALA
13, BOULEVARD DE STRASBOURG, 13
THÉATRE A CIEL OUVERT
Tous les soirs à 7 h. 1|2 concert, spectacle
DIMANCHES ET FÊTES, CONCERT DE JOUR DE 2 A 5 HEURES
Prix d'entrée : **50 c.** et **1 fr.** places réservées.

ON DEMANDE

Un associé ou commanditaire avec apport de 3,000 fr. pour exploiter un objet (breveté) de première nécessité et indispensable au commerce.
S'adresser à l'administration des Concerts militaires, 21, rue Bergère.

A LA CAPITALE
Grands magasins de nouveautés
Ne vendant que d'excellentes marchandises
ET VENDANT RÉELLEMENT LE MEILLEUR MARCHÉ
De TOUTE LA FRANCE
57, Chaussée d'Antin, rue St-Lazare et pl. de la Trinité.

MIGRAINES NÉVRALGIES
calmées à l'instant par
Le PAULLINIA CLERET
Pharmacie des Panoramas, 151, rue Montmartre.
5 francs la boite.

CHANGEMENT DE DOMICILE
DU
PHOTOGRAPHE

ACTUELLEMENT
6, Boulevard des Italiens, 6
NON PLUS
MAISON ROBERT-HOUDIN
MAIS A COTÉ
AU N° 6

WILLIAM ROGERS
DENTISTE DE LONDRES
Paris, 270, rue Saint-Honoré, (EN FACE LE PASSAGE DELORME)

CONCERTS
du Jardin du
MILITAIRES
Palais-Royal

1ʳᵉ Année. — N° 32
TIRAGE QUOTIDIEN
2,000 Exemplaires

BUREAUX
et
ADMINISTRATION
21, Rue Bergère 21,

HERNIES HÉMORRHOIDES

Méthode sûre, 10 ans de succès. Nouvel appareil infaillible, garanti sans souffrance. Traité CREUSOT, fr. 5. Cons de 1 à 6 h. et par correspondance, rue Saint-Honoré, 312.

APPROBATION DES SOMMITÉS MÉDICALES

Bourse des Locations immobilières
GALERIE VIVIENNE, 55, 57, 59

MM. les propriétaires sont invités à faire connaître les locations vaccantes dans leurs immeubles.
Ces Renseignements sont fournis gratuitement aux personnes qui les demandent.

AU PASSAGE DELORME
LITERIE ET MEUBLES
MAISON DE CONFIANCE FONDÉE EN 1789
262, RUE SAINT-HONORÉ, EN FACE LE PASSAGE
J. LITZELMANN
Envoi franco dans toute la France.
Gros et Détail.

VIN DE QUINQUINA TIIRÉ
Au bordeaux 2 francs 75 le litre, 1 franc 75 le demi-litre
Au Malaga 4 francs 75 le litre, 2 francs 75 le demi-litre.
Livraison franco à domicile
Pharmacie G. GENDRON,
Boulevard Beaumarchais, 67.

TROISIÈME ÉDITION DU BEAU ROMAN
MARIE FAVRAI
JEUNE FILLE PAUVRE
Par Madame Badère
Marie Favrai est une étude prise sur nature et dans le vif de la société actuelle; c'est un grand drame émouvant et qui laisse d'intérêt.
CHEZ DENTU, PALAIS-ROYAL.

LA PARISIENNE
21, RUE BERGÈRE, 21.
AFFICHAGE
Paris et Province
SPECIALITÉ
DE BANDE-D'ADRESSES — PLIAGE ET MISE SOUS BANDE

PROGRAMME
du
Samedi 15 août 1874

PALAIS-ROYAL -- de 5 à 6 1/2

GARDE RÉPUBLICAINE
CHEF : M. Sellenick

1. Le Naufrage de la Méduse (ouv.) .... REISIGER
2. La Muette de Portici .... AUBER
3. Electric Polka .... SELLENICK
4. Guillaume Tell (ouverture) .... ROSSINI
5. Les deux Foscari .... VERDI
6. Madrid (valse) .... HITZ

A SAINT JOSEPH
GRANDS MAGASINS DE NOUVEAUTÉS
117-119, rue Montmartre, 2, rue Joquelet
Paris
OCCASIONS ACTUELLES
FAILLES NOIRES POUR JUPONS

Faille noire, gros grain, larg. 60 c le mèt.	3 00
Faille, gros grain, *noir dépouillé*, larg. 60 c. le mètre	4 90
Faille noire, gros grain, *qualité extra*, larg 60 cent. le mètre	5 75
Drap Saint-Joseph, uni, *nuances nouvelles* le mètre	» 65
Satin pure laine, très-belle qualité, le mèt.	1 35
Cheviot, tissu anglais pour costumes de voyage, le mètre	1 95
Alpaga noir, *affaires hors cours*, larg. 80 c. le mètre	1 45
Cachemire d'Ecosse noir, largeur 120 cent. le mètre	6 25
OCCASION. Cravates Duchesse, val de 6 fr. A SAINT-JOSEPH	2 45
Cravates Lavallière, *tout soie*	» 25
Valise voyage grand modèle, *fermant à clef*	4 25

TROUSSEAUX POUR COLLÉGES ET PENSIONS
Envoi franco en province et à l'étranger

CONCERT DE LA SCALA
13, BOULEVARD DE STRASBOURG, 13
THÉATRE A CIEL OUVERT
Tous les soirs à 7 h. 1|2 concert, spectacle
DIMANCHES ET FÊTES, CONCERT DE JOUR DE 2 A 6 HEURES
Prix d'entrée : 50 c. et 1 fr. places réservées.

ON DEMANDE Un associé ou commanditaire avec apport de 3,000 fr. pour exploiter un objet (bréveté) de première nécessité et indispensable au commerce. S'adresser à l'administration des Concerts militaires, 21, rue Bergère.

A LA CAPITALE
Grands magasins de nouveautés
Ne vendant que d'excellentes marchandises
ET VENDANT RÉELLEMENT LE MEILLEUR MARCHÉ
De TOUTE LA FRANCE
57, Chaussée d'Antin, rue St-Lazare et pl. de la Trinité.

MIGRAINES NÉVRALGIES
calmées à l'instant par
Le PAULLINIA CLERET
Pharmacie des Panoramas, 151, rue Montmartre.
5 francs la boite.

CHANGEMENT DE DOMICILE
DU
PHOTOGRAPHE
DISDÉRI
ACTUELLEMENT
6, Boulevard des Itallens, 6
NON PLUS
MAISON ROBERT-HOUDIN
MAIS A COTÉ
AU N° 6

PROPRIÉTAIRES : MM. ROCHETTE et Cᵉ   Imprimerie PAUL LIBÉRAL et Cᵉ, 20, rue St-Joseph.

WILLIAM ROGERS
DENTISTE DE LONDRES
Paris, 270, rue Saint-Honoré, (EN FACE LE PASSAGE DELORME)

CONCERTS
Du Jardin

1re Année. — N° 34
TIRAGE QUOTIDIEN
2,000 Exemplaires

MILITAIRES
des Tuileries

BUREAUX
et
ADMINISTRATION
21, Rue Bergère, 21

HERNIES HÉMORRHOIDES

Méthode sûre, 10 ans de succès. Nouvel appareil infaillible, garanti sans souffrance.
Traité CREUZOT, fr 5. Cons. de 1 à 6 h. et par corresp., rue Saint-Honoré, 332.

APPROBATION DES SOMMITÉS MÉDICALES.

Bourse des Locations immobilières

GALERIE VIVIENNE, 55, 57, 59

MM. les propriétaires sont invités à faire connaître les locations vaccantes dans leurs immeubles.
Ces Renseignements sont fournis gratuitement aux personnes qui les demandent.

AU PASSAGE DELORME
LITERIE ET MEUBLES
MAISON DE CONFIANCE FONDÉE EN 1789
262, RUE SAINT-HONORÉ, EN FACE LE PASSAGE
J. LITZELMANN
Envoi franco dans toute la France.
Gros et Détail.

VIN DE QUINQUINA TITRÉ
Au bordeaux 2 francs 75 le litre, 1 francs 75 le demi-litre
Au Malaga 4 francs 75 le litre, 2 francs 75 le demi-litre
Livraison franco à domicile
Pharmacie G. GENDRON,
Boulevard Beaumarchais, 67.

TROISIÈME ÉDITION DU BEAU ROMAN
MARIE FAVRAI
JEUNE FILLE PAUVRE
Par Madame Badère
Marie Favrai est une étude prise sur nature et dans le vif de la société actuelle; c'est un grand drame émouvant et saisissant d'intérêt
Chez Dentu, Palais-Royal

LA PARISIENNE
21, RUE BERGÈRE, 21
AFFICHAGE
Paris et Province
SPECIALITE
DE BANDE-ADRESSES — PLIAGE ET MISE SOUS BANDE

PROGRAMME
du
Mardi 18 août 1874

TUILERIES — De 5 à 6 1/2

GARDE RÉPUBLICAINE
CHEF : Sellenick

1. Ouverture de Sémiramis........ ROSSINI
2. Robin des bois................. WEBER
3. Mazurka .... SELLENICK
4. Gita in Gondola............... ROSSINI
5. Solo de hautbois............. SOLER
6. Un Jour d'Été en Norwège..... WILMERS

A SAINT-JOSEPH
GRANDS MAGASINS DE NOUVEAUTÉS
117-119, rue Montmartre, 2, rue Joquelet
Paris.

OCCASIONS ACTUELLES
FAILLES NOIRES POUR JUPONS

Faille noire, gros grain, larg. 60 c. le mèt..	3 90
Faille, gros grain, *noir dépouillé*, larg. 60 c. le mètre	4 90
Faille noire, gros grain, *qualité extra*, larg. 60 cent. le mètre	5 75
Drap Saint-Joseph, uni, *nuances nouvelles* le mètre	» 65
Satin pure laine, très-belle qualité, le mèt.	1 35
Cheviot, tissu anglais pour costumes de voyage, le mètre	1 95
Alpaga noir, *affaires hors cours*, larg. 80 c. le mètre	1 45
Cachemire d'Ecosse noir, largeur 120 cent. le mètre	3 95
OCCASION. Cravates-Duchesse, val. de 6 fr. A SAINT-JOSEPH	2 45
Cravates Lavallière, *tout soie*	» 35
Valise voyage grand modèle fermant à clef.	4 25

TROUSSEAUX POUR COLLÉGES ET PENSIONS
Envoi franco en province et à l'étranger.

CONCERT DE LA SCALA
13, BOULEVARD DE STRASBOURG, 13
THEATRE A CIEL OUVERT
Tous les soirs à 7 h. 1/2 concert, spectacle
DIMANCHES ET FÊTES, CONCERT DE JOUR DE 2 A 5 HEURES
Prix d'entrée : 50 c. et 1 fr. places réservées.

ON DEMANDE
Un associé ou commanditaire avec apport de 3,000 fr, pour exploiter un objet (breveté), de première nécessité et indispensable au Commerce S'adresser à l'administration des Concerts militaires, 21, rue Bergère.

A LA CAPITALE
Grands magasins de nouveautés
Ne vendant que d'excellentes marchandises
ET VENDANT RÉELLEMENT LE MEILLEUR MARCHÉ
De TOUTE LA FRANCE
57, Chaussée-d'Antin, rue St-Lazare et pl. de la Trinité

MIGRAINES NÉVRALGIES
calmées à l'instant par
Le PAULLINIA CLÉRET
Pharmacie des Panoramas, 151, rue Montmartre
5 francs la boîte.

CHANGEMENT DE DOMICILE
DU
PHOTOGRAPHE
DISDERI
ACTUELLEMENT
6, Boulevard des Italiens, 6
NON PLUS
MAISON ROBERT-HOUDIN
MAIS A COTÉ
AU N° 6

PROPRIÉTAIRES : MM. ROCHETTE et Cie   Imprimerie PAUL LIBÉRAL et Cie, 20, rue St-Joseph

WILLIAM ROGERS
DENTISTE DE LONDRES
Paris, 270, rue Saint-Honoré. (EN FACE LE PASSAGE DELORME)

CONCERTS
Du Jardin

1re Année. — N° 35
TIRAGE QUOTIDIEN
2,000 Exemplaires

MILITAIRES
des Tuileries

BUREAUX
et
ADMINISTRATION
21, Rue Bergère, 21

HERNIES HÉMORRHOIDES

Méthode sûre, 10 ans de succès. Nouvel appareil infaillible, garanti sans souffrance. Traité CREUZOT, fr 5. Cons. de 1 à 6 h. et par corresp., rue Saint-Honoré, 332.

APPROBATION DES SOMMITÉS MÉDICALES.

Bourse des Locations immobilières

GALERIE VIVIENNE, 55, 57, 59

MM. les propriétaires sont invités à faire connaître les locations vacantes dans leurs immeubles.
Ces Renseignements sont fournis gratuitement aux personnes qui les demandent.

AU PASSAGE DELORME

LITERIE ET MEUBLES

MAISON DE CONFIANCE FONDÉE EN 1789
262, RUE SAINT-HONORÉ, EN FACE LE PASSAGE

J. LITZELMANN

Envoi franco dans toute la France.
Gros et Détail.

VIN DE QUINQUINA TITRÉ

Au bordeaux 2 francs 75 le litre, 1 franc 75 le demi-litre
Au Malaga 4 francs 75 le litre, 2 francs 75 le demi-litre
Livraison franco à domicile
Pharmacie G. GENDRON,
Boulevard Beaumarchais, 67.

TROISIÈME ÉDITION DU BEAU ROMAN

MARIE FAVRAI

JEUNE FILLE PAUVRE
Par Madame Badère

Marie Favrai est une étude prise sur nature et dans le vif de la société actuelle; c'est un grand drame émouvant et saisissant d'intérêt
Chez Dentu, Palais-Royal

LA PARISIENNE

21, RUE BERGÈRE, 21

AFFICHAGE
Paris et Province
SPECIALITÉ
DE BANDE-ADRESSES — PLIAGE ET MISE SOUS BANDE

PROGRAMME

du

Mercredi 19 août 1874

TUILERIES — De 5 à 6 1/2

85e DE LIGNE

CHEF : Mastio

1. Marche........................ X....
2. Fantaisie sur le Châlet........ ADAM
3. Ouverture de la Dame Blanche... BOIELDIEU
4. Duo de la Reine de Chypre..... HALÉVY
5. Le Tour du Monde............. MÉTRA
6. La Livry (polka)............... PIROUELLE

A SAINT-JOSEPH

GRANDS MAGASINS DE NOUVEAUTÉS

117-119, rue Montmartre, 2, rue Jcquelet
Paris.

OCCASIONS ACTUELLES
FAILLES NOIRES POUR JUPONS

Faille noire, gros grain, larg. 60 c. le mèt.. 3 90
Faille, gros grain, *noir dépouillé*, larg. 60 c. le mètre 4 90
Faille noire, gros grain, *qualité extra*, larg. 60 cent. le mètre............. 5 75
Drap Saint-Joseph, uni, *nuances nouvelles* le mètre.................... » 85
Satin pure laine, très-belle qualité, le mèt. 1 35
Cheviot, tissu anglais pour costumes de voyage, le mètre.................. 1 95
Alpaga noir, *affaires hors cours*, larg. 80 c. le mètre..................... 1 45
Cachemire d'Ecosse noir, largeur 120 cent. le mètre..................... 3 25
OCCASION. Cravates-Duchesse, val. de 6 fr. A SAINT-JOSEPH 2 45
Cravates Lavallière, *tout soie*,.......... 2 25
Valise voyage grand modèle fermant à clef. 4 25

TROUSSEAUX POUR COLLÉGES ET PENSIONS
Envoi franco en province et à l'étranger.

CONCERT DE LA SCALA

13, BOULEVARD DE STRASBOURG, 13

THEATRE A CIEL OUVERT

Tous les soirs à 7 h. 1/2 concert, spectacle
DIMANCHES ET FÊTES, CONCERT DE JOUR DE 2 A 5 HEURES
Prix d'entrée : **50 c.** et **1 fr.** places réservées.

ON DEMANDE Un associé ou commanditaire avec apport de 3,000 fr, pour exploiter un objet (breveté), de première nécessité et indispensable au Commerce S'adresser à l'administration des Concerts militaires, 21, rue Bergère.

A LA CAPITALE

Grands magasins de nouveautés
Ne vendant que d'excellentes marchandises
ET VENDANT RÉELLEMENT LE MEILLEUR MARCHÉ
De TOUTE LA FRANCE
57, Chaussée-d'Antin, rue St-Lazare et pl. de la Trinité

MIGRAINES NÉVRALGIES

calmées à l'instant par
Le PAULLINIA CLÉRET
Pharmacie des Panoramas, 151, rue Montmartre
5 francs la boîte.

CHANGEMENT DE DOMICILE

DU

PHOTOGRAPHE

DISDERI

ACTUELLEMENT
6, Boulevard des Italiens, 6

NON PLUS
MAISON ROBERT-HOUDIN
MAIS A COTÉ

AU N° 6

WILLIAM ROGERS
DENTISTE DE LONDRES
Paris, 270, rue Saint-Honoré. (EN FACE LE PASSAGE DELORME)

CONCERTS
Du Jardin

1re Année. — N° 37
TIRAGE QUOTIDIEN
2,000 Exemplaires

MILITAIRES
des Tuileries

BUREAUX
et
ADMINISTRATION
21, Rue Bergère, 21

HERNIES HÉMORRHOIDES

Méthode sûre, 10 ans de succès. Nouvel appareil infaillible, garanti sans souffrance. Traité CREUZOT, fr 5. Cons. de 1 à 6 h. et par corresp., rue Saint-Honoré, 332.

APPROBATION DES SOMMITÉS MÉDICALES.

Bourse des Locations immobilières

GALERIE VIVIENNE, 55, 57, 59

RENSEIGNEMENTS GRATUITS

Pour la location d'appartements meublés ou non meublés. Villas, campagnes etc., etc.

ON DEMANDE Un associé ou commanditaire avec apport de 3,000 fr, pour exploiter un objet (breveté), de première nécessité et indispensable au Commerce S'adresser à l'administration des Concerts militaires, 21, rue Bergère.

AU PASSAGE DELORME
LITERIE ET MEUBLES
MAISON DE CONFIANCE FONDÉE EN 1789
262, RUE SAINT-HONORÉ, EN FACE LE PASSAGE
J. LITZELMANN
Envoi franco dans toute la France.
Gros et Détail.

VENTE DIRECTE
aux Consommateurs

25 0/0 meilleur marché
DEMANDEZ LE CATALOGUE GÉNÉRAL

VIN DE QUINQUINA TITRÉ

Au bordeaux 2 francs 75 le litre, 1 franc 75 le demi-litre
Au Malaga 4 francs 75 le litre, 2 francs 75 le demi-litre

Livraison franco à domicile
Pharmacie G. GENDRON.
Boulevard Beaumarchais, 67.

TROISIÈME ÉDITION DU BEAU ROMAN
MARIE FAVRAI
JEUNE FILLE PAUVRE
Par Madame Badère

Marie Favrai est une étude prise sur nature et dans le vif de la société actuelle; c'est un grand drame émouvant et saisissant d'intérêt

Chez Dentu, Palais-Royal

LA PARISIENNE
21, RUE BERGÈRE, 21

AFFICHAGE
Paris et Province
SPECIALITE
DE BANDE-ADRESSES — PLIAGE ET MISE SOUS BANDE

PROGRAMME
du
Samedi 22 août 1874

TUILERIES — De 5 à 6 1/2

85e DE LIGNE
CHEF : M. Mastio

1. Marche..................... X...
2. Fantaisie sur le Châlet......... ADAM
3. Ouverture de la Dame blanche . BOIELDIEU
4. La Reine de Chypre (duo)...... HALÉVY
5. Le Tour du Monde........... MÉTRA
6. La Livry (polka) .... PIROUELLE

A SAINT-JOSEPH

GRANDS MAGASINS DE NOUVEAUTÉS

117-119, rue Montmartre, 2, rue Joquelet
Paris.

OCCASIONS ACTUELLES
FAILLES NOIRES POUR JUPONS

Faille noire, gros grain, larg. 60 c. le mèt..	3 90
Faille, gros grain, *noir dépouillé*, larg. 80 c. le mètre........................	4 90
Faille noire, gros grain, *qualité extra*, larg. 60 cent. le mètre...................	5 75
Drap Saint-Joseph, uni, *nuances nouvelles* le mètre......................	» 85
Satin pure laine, très-belle qualité, le mèt.	1 35
Cheviot, tissu anglais pour costumes de voyage, le mètre....................	1 95
Alpaga noir, *affaires hors cours*, larg. 80 c. le mètre........................	1 45
Cachemire d'Écosse noir, largeur 120 cent. le mètre.....	3 25
OCCASION. Cravates-Duchesse, val de 6 fr. A SAINT-JOSEPH	2 45
Cravates Lavallière, *tout soie*.....	» 25
Valise voyage grand modèle fermant à clef.	4 25

TROUSSEAUX POUR COLLÉGES ET PENSIONS
Envoi franco en province et à l'étranger.

CONCERT DE LA SCALA
13, BOULEVARD DE STRASBOURG, 13
THEATRE A CIEL OUVERT
Tous les soirs à 7 h. 1/2 concert, spectacle
DIMANCHES ET FÊTES, CONCERT DE JOUR DE 2 A 5 HEURES
Prix d'entrée : **50 c.** et **1 fr.** places réservées.

CRÉDIT à TOUT le MONDE
à l'Omnibus du Travailleur
10, 41 et 44, rue Coquillière

UN TIERS COMPTANT
le reste par semaine, par quinzaine et par mois

Meubles, Literie. Confections pour hommes et dames Soieries. Lainages, Nouveautés et Bijouterie
100.000 CLIENTS INSCRITS
Pour la Province, les mêmes avantages

A LA CAPITALE
Grands magasins de nouveautés
Ne vendant que d'excellentes marchandises
ET VENDANT RÉELLEMENT LE MEILLEUR MARCHÉ
De TOUTE LA FRANCE
57, Chaussée-d'Antin, rue St-Lazare et pl. de la Trinité

MIGRAINES NÉVRALGIES
calmées à l'instant par
Le PAULLINIA CLÉRET
Pharmacie des Panoramas, 151, rue Montmartre
5 francs la boîte.

CHANGEMENT DE DOMICILE
DU
PHOTOGRAPHE
DISDERI

ACTUELLEMENT
6, Boulevard des Italiens, 6

NON PLUS
MAISON ROBERT-HOUDIN
MAIS A COTÉ
AU N° 6

PROPRIÉTAIRES : MM. ROCHETTE et Cie   Imprimerie PAUL LIBÉRAL et Cie, 20, rue St-Joseph

WILLIAM ROGERS
DENTISTE DE LONDRES
Paris, 270, rue Saint-Honoré. [EN FACE LE PASSAGE DELORME]

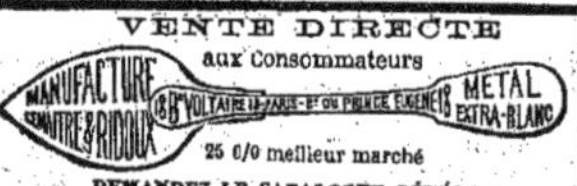

CONCERTS
du Jardin du

1re Année. — N° 38
TIRAGE QUOTIDIEN
2,000 Exemplaires

MILITAIRES
Palais-Royal

BUREAUX
et
ADMINISTRATION
21, Rue Bergère 21,

Bourse des Locations immobilières

GALERIE VIVIENNE, 55, 57, 59

RENSEIGNEMENTS GRATUITS

Pour la location d'appartements meublés ou non meublés. Villas, campagnes, etc., etc.

ON DEMANDE Un associé ou commanditaire avec apport de 3,000 fr. pour exploiter un objet (breveté) de première nécessité et indispensable au commerce.
S'adresser à l'administration des Concerts militaires, 21, rue Bergère.

AU PASSAGE DELORME

LITERIE ET MEUBLES

MAISON DE CONFIANCE FONDÉE EN 1789

262, RUE SAINT-HONORÉ, EN FACE LE PASSAGE

J. LITZELMANN

Envoi franco dans toute la France.
Gros et Détail.

VIN DE QUINQUINA TITRÉ

Au bordeaux 2 francs 75 le litre, 1 francs 75 le demi-litre
Au Malaga 4 francs 75 le litre; 2 francs 75 le demi-litre
Livraison franco à domicile
Pharmacie G. GENDRON.
Boulevard Beaumarchais, 67.

TROISIÈME ÉDITION DU BEAU ROMAN

MARIE FAVRAI
JEUNE FILLE PAUVRE

Par Madame Badère

Marie Favrai est une étude prise sur nature et donne le vif de la société actuelle; c'est un grand drame émouvant et s'i issant d'intérêt

CHEZ DENTU, PALAIS-ROYAL.

LA PARISIENNE

21, RUE BERGÈRE, 21.

AFFICHAGE

Paris et Province

SPÉCIALITÉ
DE BANDE D'ADRESSES — PLIAGE ET MISE SOUS BANDE

PROGRAMME
du
Dimanche 23 août 1874

....

PALAIS-ROYAL — de 5 à 6 1/2

....

71e DE LIGNE

CHEF : M. Boyer

1. Allegro militaire	....	LADIT
2. Les Dragons de Villars	....	MAILLART
3. La Reine de Chypre (fantaisie)...		HALÉVY
4. Le Voyage en Chine (fantaisie)...		BAZIN
5. Mabel (valse)	....	GODFREY
6. Souvenir de Tivoli (valse).......		BOCH

A SAINT JOSEPH

GRANDS MAGASINS DE NOUVEAUTÉS

117-119, rue Montmartre, 2, rue Joquelet

Paris

OCCASIONS ACTUELLES

FAILLES NOIRES POUR JUPONS

Faille noire, gros grain, larg. 60 c. le mèt.	3 90
Faille, gros grain, *noir dépouillé*, larg. 60 c. le mètre	4 90
Faille noire, gros grain, *qualité extra*, larg 60 cent. le mètre	5 75
Drap Saint-Joseph, uni, *nuances nouvelles* le mètre	» 65
Satin pure laine, très-belle qualité, le mèt.	1 35
Cheviot, tissu anglais pour costumes de voyage, le mètre	1 95
Alpaga noir, *affaires hors cours*, larg. 80 c. le mètre	1 45
Cachemire d'Écosse noir, largeur 120 cent. le mètre	3 25
OCCASION. Cravates Duchesse, val de 6 fr. A SAINT-JOSEPH	2 45
Cravates Lavallière, *tout soie*	» 25
Valise voyage grand modèle, *fermant à clef*	4 25

TROUSSEAUX POUR COLLÉGES ET PENSIONS
Envoi franco en province et à l'étranger

CONCERT DE LA SCALA

13, BOULEVARD DE STRASBOURG, 13

THÉATRE A CIEL OUVERT

Tous les soirs à 7 h. 1/2 concert, spectacle
DIMANCHES ET FÊTES, CONCERT DE JOUR DE 2 A 5 HEURES
Prix d'entrée : **50 c.** et **1 fr.** places réservées.

CRÉDIT à TOUT le MONDE
à l'Omnibus du Travailleur

10, 41 et 44, rue Coquillière

UN TIERS COMPTANT

le reste par semaine, par quinzaine et par mois

Meubles, Literie, Confections pour hommes et dames
Soieries, Lainages, Nouveautés et Bijouterie
160,000 CLIENTS INSCRITS
Pour la Province, les mêmes avantages

A LA CAPITALE

Grands magasins de nouveautés

Ne vendant que d'excellentes marchandises
ET VENDANT RÉELLEMENT LE MEILLEUR MARCHÉ
De TOUTE LA FRANCE
37, Chaussée d'Antin, rue St-Lazare et pl. de la Trinité.

MIGRAINES NÉVRALGIES

calmées à l'instant par
Le PAULLINIA CLERET
Pharmacie des Panoramas, 151, rue Montmartre.
5 francs la boîte.

CHANGEMENT DE DOMICILE
DU
PHOTOGRAPHE

DISDÉRI

ACTUELLEMENT

6, Boulevard des Italiens, 6

NON PLUS
MAISON ROBERT-HOUDIN
MAIS A COTÉ
AU N° 6

PROPRIÉTAIRES : MM. BOCHETTE et Cᵉ   Imprimerie PAUL LIBÉRAL et Cᵉ, 20, rue St Joseph.

WILLIAM ROGERS
DENTISTE DE LONDRES
Paris, 270, rue Saint-Honoré, (EN FACE LE PASSAGE DELORME)

CONCERTS
Du Jardin

1re Année. — N° 39
TIRAGE QUOTIDIEN
2,000 Exemplaires

MILITAIRES
des Tuileries

BUREAUX
et
ADMINISTRATION
21, Rue Bergère, 21

Bourse des Locations immobilières

GALERIE VIVIENNE, 55, 57, 59

RENSEIGNEMENTS GRATUITS

Pour la location d'appartements meublés ou non meublés. Villas, campagnes etc., etc.

ON DEMANDE Un associé ou commanditaire avec apport de 3,000 fr, pour exploiter un objet (breveté), de première nécessité et indispensable au Commerce S'adresser à l'administration des Concerts militaires, 21, rue Bergère.

AU PASSAGE DELORME
LITERIE ET MEUBLES
MAISON DE CONFIANCE FONDÉE EN 1789
262, RUE SAINT-HONORÉ, EN FACE LE PASSAGE
J. LITZELMANN
Envoi franco dans toute la France.
Gros et Détail.

VENTE DIRECTE
aux Consommateurs
MANUFACTURE LEMAITRE & RIDOUX — 18 B VOLTAIRE 18 PARIS ET DU PRINCE EUGÈNE 18 — MÉTAL EXTRA-BLANC
25 0/0 meilleur marché
DEMANDEZ LE CATALOGUE GÉNÉRAL

VIN DE QUINQUINA TITRÉ
Au bordeaux 2 francs 75 le litre, 1 franc 75 le demi-litre
Au Malaga 4 francs 75 le litre, 2 francs 75 le demi-litre
Livraison franco à domicile
Pharmacie G. GENDRON,
Boulevard Beaumarchais, 67.

TROISIÈME ÉDITION DU BEAU ROMAN
MARIE FAVRAI
JEUNE FILLE PAUVRE
Par Madame Badère
Marie Favrai est une étude prise sur nature et dans le vif de la société actuelle; c'est un grand drame émouvant et saisissant d'intérêt
Chez Dentu, Palais-Royal

LA PARISIENNE
21, RUE BERGÈRE 21
AFFICHAGE
Paris et Province
SPECIALITE
DE BANDE-ADRESSES — PLIAGE ET MISE SOUS BANDE

PROGRAMME
du
Mardi 25 août 1874

TUILERIES — De 5 à 6 1/2

GARDE RÉPUBLICAINE
CHEF : M. Sellenick

1. Domino Noir .... AUBER
2. La Bavarde .... SELLENICK
3. Les Fiancés de la Mort (1re audition) .... F. SCHUBERT
4. Les Deux Foscari .... VERDI
5. Lucrèce Borgia .... DONIZETTI
6. Brise d'Italie (1re audition) .... BELLINI

A SAINT-JOSEPH

GRANDS MAGASINS DE NOUVEAUTÉS
117-119, rue Montmartre, 2, rue Joquelet
Paris.

OCCASIONS ACTUELLES
FAILLES NOIRES POUR JUPONS

Faille noire, gros grain, larg. 60 c. le mèt..	3 90
Faille, gros grain, *noir dépouillé*, larg. 60 c. le mètre	4 90
Faille noire, gros grain, *qualité extra*, larg. 60 cent. le mètre	5 75
Drap Saint-Joseph, uni, *nuances nouvelles* le mètre	» 65
Satin pure laine, très-belle qualité, le mèt.	1 35
Cheviot, tissu anglais pour costumes de voyage, le mètre	1 95
Alpaga noir, *affaires hors cours*, larg. 80 c. le mètre	1 45
Cachemire d'Ecosse noir, largeur 120 cent. le mètre	3 25
OCCASION. Cravates-Duchesse, val de 6 fr. A SAINT-JOSEPH	2 45
Cravates Lavallière, *tout soie*...	» 25
Valise voyage grand modèle fermant à clef.	4 25

TROUSSEAUX POUR COLLÉGES ET PENSIONS
Envoi franco en province et à l'étranger.

CONCERT DE LA SCALA
13, BOULEVARD DE STRASBOURG, 13
THEATRE A CIEL OUVERT
Tous les soirs à 7 h. 1/2 concert, spectacle
DIMANCHES ET FÉTES, CONCERT DE JOUR DE 2 A 5 HEURES
Prix d'entrée : 50 c. et 1 fr. places réservées.

CRÉDIT à TOUT le MONDE
à l'Omnibus du Travailleur
10, 41 et 44, rue Coquillière

UN TIERS COMPTANT
le reste par semaine, par quinzaine et par mois

Meubles, Literie. Confections pour hommes et dames
Soieries. Lainages, Nouveautés et Bijouterie
100,000 CLIENTS INSCRITS
Pour la Province, les mêmes avantages

A LA CAPITALE
Grands magasins de nouveautés
Ne vendant que d'excellentes marchandises
ET VENDANT RÉELLEMENT LE MEILLEUR MARCHÉ
De TOUTE LA FRANCE
57, Chaussée-d'Antin, rue St-Lazare et pl. de la Trinité

MIGRAINES NÉVRALGIES
calmées à l'instant par
Le PAULLINIA CLÉRET
Pharmacie des Panoramas. 151, rue Montmartre
5 francs la boîte.

CHANGEMENT DE DOMICILE
DU
PHOTOGRAPHE
DISDERI
ACTUELLEMENT
6, Boulevard des Italiens, 6
NON PLUS
MAISON ROBERT-HOUDIN
MAIS A COTÉ
AU N° 6

PROPRIÉTAIRES : MM. ROCHETTE et Cie   Imprimerie PAUL LIBÉRAL et Cie, 20, rue St-Joseph

WILLIAM ROGERS
DENTISTE DE LONDRES
Paris, 270, rue Saint-Honoré. (EN FACE LE PASSAGE DELORME)

CONCERTS
du Jardin du

MILITAIRES
Palais-Royal

1re Année. — N° 40
TIRAGE QUOTIDIEN
2,000 Exemplaires

BUREAUX
et
ADMINISTRATION
21, Rue Bergère 21,

Bourse des Locations immobilières
GALERIE VIVIENNE, 55, 57, 53
RENSEIGNEMENTS GRATUITS
Pour la location d'appartements meublés ou non meublés. Villas, campagnes, etc., etc.

ON DEMANDE Un associé ou commanditaire avec apport de 3,000 fr. pour exploiter un objet (breveté) de première nécessité et indispensable au commerce.
S'adresser à l'administration des Concerts militaires, 21, rue Bergère.

AU PASSAGE-DELORME
LITERIE ET MEUBLES
MAISON DE CONFIANCE FONDÉE EN 1789
262, RUE SAINT-HONORÉ, EN FACE LE PASSAGE
J. LITZELMANN
Envoi franco dans toute la France.
Gros et Détail.

VENTE DIRECTE
aux Consommateurs
MANUFACTURE MONTRES & RIDEAUX — MÉTAL EXTRA-BLANC
25 0/0 meilleur marché
DEMANDEZ LE CATALOGUE GÉNÉRAL

VIN DE QUINQUINA TITRÉ
Au bordeaux 2 francs 75 le litre, 1 franc 75 le demi-litre
Au Malaga 4 francs 75 le litre, 2 francs 75 le demi-litre
Livraison franco à domicile
Pharmacie G. GENDRON,
Boulevard Beaumarchais, 67.

TROISIÈME ÉDITION DU BEAU ROMAN
MARIE FAVRAI
JEUNE-FILLE PAUVRE
Par Madame Badère
Marie Favrai est une étude prise sur nature et dans le vif de la société actuelle ; c'est un grand drame émouvant et saisissant d'intérêt
CHEZ DENTU, PALAIS-ROYAL.

LA PARISIENNE
21, RUE BERGÈRE, 21.
AFFICHAGE
Paris et Province
SPÉCIALITÉ
DE BANDES D'ADRESSES — PLIAGE ET MISE SOUS BANDE

PROGRAMME
du
Mercredi 26 août 1874

PALAIS-ROYAL — de 5 à 6 1/2

64e DE LIGNE
CHEF : M. Jacoutot

1. Le Camarade (allegro militaire). GARNIER
2. La Juive (fantaisie) . . . . HALÉVY
3. Blondinette (mazurka) . . . . A. DE ROUBIN
4. Fra Diavolo (fantaisie) . . . . AUBER
5. La Diva (fantaisie) . . . . OFFENBACH
6. Le Roi Gambrinus (valse) . . . . . . O. MÉTRA

A SAINT JOSEPH
GRANDS MAGASINS DE NOUVEAUTÉS
117-119, rue Montmartre, 2, rue Joquelet
Paris
OCCASIONS ACTUELLES
FAILLES NOIRES POUR JUPONS

Faille noire, gros grain, larg. 60 c le mèt.	2 90
Faille, gros grain, *noir dépouillé*, larg. 60 c. le mètre	4 90
Faille noire, gros grain, *qualité extra*, larg 60 cent. le mètre.	5 75
Drap Saint-Joseph, uni, *nuances nouvelles* le mètre	» 65
Satin pure laine, très-belle qualité, le mèt.	1 25
Cheviot, tissu anglais pour costumes de voyage, le mètre.	1 95
Alpaga noir, *affaires hors cours*, larg. 80 c. le mètre	1 45
Cachemire d'Ecosse noir, largeur 120 cent. le mètre	3 25
OCCASION. Cravates Duchesse, val de 6 fr. A SAINT-JOSEPH	2 45
Cravates Lavallière, *tout soie*	» 95
Valise voyage grand modèle, *fermant à clef*	4 95

TROUSSEAUX POUR COLLÉGES ET PENSIONS
Envoi franco en province et à l'étranger

CONCERT DE LA SCALA
13, BOULEVARD DE STRASBOURG, 13
THÉATRE A CIEL OUVERT
Tous les soirs à 7 h. 1/2 concert, spectacle
DIMANCHES ET FÊTES, CONCERT DE JOUR DE 2 A 5 HEURES
Prix d'entrée : **50 c.** et **1 fr.** places réservées.

CRÉDIT à TOUT le MONDE
à l'Omnibus du Travailleur
10, 41 et 44, rue Coquillière

UN TIERS COMPTANT
le reste par semaine, par quinzaine et par mois

Meubles, Literie, Confections pour hommes et dames
Soieries, Lainages, Nouveautés et Bijouterie
100,000 CLIENTS INSCRITS
Pour la Province, les mêmes avantages

A LA CAPITALE
Grands magasins de nouveautés
Ne vendant que d'excellentes marchandises
ET VENDANT RÉELLEMENT LE MEILLEUR MARCHÉ
De TOUTE LA FRANCE
57, Chaussée d'Antin, rue St-Lazare et pl. de la Trinité.

MIGRAINES NÉVRALGIES
calmées à l'instant par
Le PAULLINIA CLERET
Pharmacie des Panoramas, 151, rue Montmartre.
5 francs la boîte.

CHANGEMENT DE DOMICILE
DU
PHOTOGRAPHE
DISDÉRI
ACTUELLEMENT
6, Boulevard des Italiens, 6
NON PLUS
MAISON ROBERT-HOUDIN
MAIS A COTÉ
AU N° 6

WILLIAM ROGERS
DENTISTE DE LONDRES
Paris, 270, rue Saint-Honoré, (EN FACE LE PASSAGE DELORME)

CONCERTS
du Jardin du

MILITAIRES
Palais-Royal

1re Année. — N° 4
TIRAGE QUOTIDIEN
2,000 Exemplaires

BUREAUX
et
ADMINISTRATION
21, Rue Bergère, 21,

Bourse des Locations immobilières
GALERIE VIVIENNE, 55, 57, 59
RENSEIGNEMENTS GRATUITS
Pour la location d'appartements meublés ou non meublés. Villas, campagnes, etc., etc.

ON DEMANDE Un associé ou commanditaire avec apport de 3,000 fr. pour exploiter un objet (breveté) de première nécessité et indispensable au commerce.
S'adresser à l'administration des Concerts militaires, 21, rue Bergère.

AU PASSAGE DELORME
LITERIE ET MEUBLES
MAISON DE CONFIANCE FONDÉE EN 1789
262, RUE SAINT-HONORÉ, EN FACE LE PASSAGE
J. LITZELMANN
Envoi franco dans toute la France,
Gros et Détail.

VIN DE QUINQUINA TITRÉ
Au bordeaux 2 francs 75 le litre, 1 francs 75 le demi-litre
Au Malaga 4 francs 75 le litre, 2 francs 75 le demi-litre
Livraison franco à domicile
Pharmacie G. GENDRON,
Boulevard Beaumarchais, 67.

TROISIÈME ÉDITION DU BEAU ROMAN
MARIE FAVRAI
JEUNE FILLE PAUVRE
Par Madame Badère
Marie Favrai est une étude prise sur nature et dans le vif de la société actuelle; c'est un grand drame émouvant et saisissant d'intérêt.
CHEZ DENTU, PALAIS-ROYAL.

LA PARISIENNE
21, RUE BERGÈRE, 21.
AFFICHAGE
Paris et Province
SPÉCIALITÉ
DE BANDES D'ADRESSES — PLIAGE ET MISE SOUS BANDE

PROGRAMME
du
Jeudi 27 août 1874

PALAIS-ROYAL — de **5 à 6 1/2**

48e DE LIGNE
CHEF : **M. Pochet**

1. Allegro militaire .... GURTNER
2. Pierre de Médicis (fant.) ... PONIATOWSKI
3. Robert le Diable (fant.) ... MEYERBEER
4. Guillaume Tell (fant.) ...... ROSSINI
5. Hélène (valse) .... STRAUSS
6. Fandango espagnol .... DIAZ

A SAINT-JOSEPH
GRANDS MAGASINS DE NOUVEAUTÉS
117-119, rue Montmartre, 2, rue Joquelet
Paris
OCCASIONS ACTUELLES
FAILLES NOIRES POUR JUPONS

Faille noire, gros grain, larg. 60 c le mèt.	3 90
Faille, gros grain, *noir dépouillé*, larg. 60 c. le mètre	4 90
Faille noire, gros grain, *qualité extra*, larg 60 cent. le mètre	5 75
Drap Saint-Joseph, uni, *nuances nouvelles* le mètre	» 65
Satin pure laine, très-belle qualité, le mèt.	1 35
Cheviot, tissu anglais pour costumes de voyage, le mètre	1 95
Alpaga noir, *affaires hors cours*, larg. 80 c. le mètre	1 45
Cachemire d'Ecosse noir, largeur 120 cent. le mètre	3 25
OCCASION. Cravates Duchesse, val. de 6 fr. A SAINT-JOSEPH	2 45
Cravates Lavallière, *tout soie*	» 95
Valise voyage grand modèle, *fermant à clef*	4 95

TROUSSEAUX POUR COLLÉGES ET PENSIONS
Envoi franco en province et à l'étranger

CONCERT DE LA SCALA
13, BOULEVARD DE STRASBOURG, 13
THÉATRE A CIEL OUVERT
Tous les soirs à 7 h. 1/2 concert, spectacle
DIMANCHES ET FÊTES, CONCERT DE JOUR DE 2 A 5 HEURES
Prix d'entrée : **50 c. et 1 fr.** places réservées.

CRÉDIT à TOUT le MONDE
à l'Omnibus du Travailleur
10, 41 et 44, rue Coquillière
UN TIERS COMPTANT
le reste par semaine, par quinzaine et par mois
Meubles, Literie, Confections pour hommes et dames
Soieries, Lainages, Nouveautés et Bijouterie
100,000 CLIENTS INSCRITS
Pour la Province, les mêmes avantages

A LA CAPITALE
Grands magasins de nouveautés
Ne vendant que d'excellentes marchandises
ET VENDANT RÉELLEMENT LE MEILLEUR MARCHÉ
De TOUTE LA FRANCE
57, Chaussée d'Antin, rue St-Lazare et pl. de la Trinité.

MIGRAINES NÉVRALGIES
calmées à l'instant par
Le PAULLINIA CLERET
Pharmacie des Panoramas, 151, rue Montmartre.
5 francs la boîte.

CHANGEMENT DE DOMICILE
DU
PHOTOGRAPHE
DISDÉRI
ACTUELLEMENT
6, Boulevard des Italiens, 6
NON PLUS
MAISON ROBERT-HOUDIN
MAIS A COTÉ
AU N° 6

PROPRIÉTAIRES : MM. ROCHETTE et C°   Imprimerie PAUL LIBÉRAL et C°, 20, rue St-Joseph.

WILLIAM ROGERS
DENTISTE DE LONDRES
Paris, 270, rue Saint-Honoré, (EN FACE LE PASSAGE DELORME)

CONCERTS
Du Jardin

1ʳᵉ Année. — N° 42
TIRAGE QUOTIDIEN
2,000 Exemplaires

MILITAIRES
des Tuileries

BUREAUX
et
ADMINISTRATION
20, Rue Saint-Joseph, 20,

Bourse des Locations immobilières

GALERIE VIVIENNE, 55, 57, 59

MM. les propriétaires sont invités à faire connaître les locations vaccantes dans leurs immeubles.

Ces Renseignements sont fournis gratuitement aux personnes qui les demandent

LEÇONS D'ALLEMAND

Un français bachelier ès-lettres, qui a enseigné la langue et la littérature françaises dans une des principales écoles de l'Allemagne, possédant parfaitement la langue allemande, désire en donner de leçons.

S'adresser rue Saint-André-des-Arts, 46, au quatrième au-dessus de l'entresol, à gauche. Le matin, avant midi et demi, ou le soir de 7 à 9 heures.

AU PASSAGE DELORME

LITERIE ET MEUBLES

MAISON DE CONFIANCE FONDÉE EN 1789

262, RUE SAINT-HONORÉ, EN FACE LE PASSAGE

J. LITZELMANN

Envoi franco dans toute la France.
Gros et Détail.

VIN DE QUINQUINA TITRÉ

Au bordeaux 2 francs 75 le litre, 1 franc 75 le demi-litre
Au Malaga 4 francs 75 le litre, 2 francs 75 le demi-litre

Livraison franco à domicile

Pharmacie G. GENDRON,

Boulevard Beaumarchais, 67.

TROISIÈME ÉDITION DU BEAU ROMAN

MARIE FAVRAI

JEUNE FILLE PAUVRE

Par Madame Badère

Marie Favrat est une étude prise sur nature et dans le vif de la société actuelle; c'est un grand drame émouvant et saisissant d'intérêt

Chez Dentu, Palais-Royal

LA PARISIENNE

21, RUE BERGÈRE, 21

AFFICHAGE
Paris et Province
SPÉCIALITÉ

DE BANDE-ADRESSES — PLIAGE ET MISE SOUS BANDE

PROGRAMME

du

Samedi 29 août 1874

TUILERIES — De 5 à 6 1/2

82ᵉ DE LIGNE

CHEF : M. Digues

1. Marche........................ X...
2. La Poupée de Nuremberg (ouv.) ADAM
3. Rigoletto (fantaisie)........... VERDI
4. Orphée aux Enfers (fantaisie) .. OFFENBACH
5. Ronde de la Cénérentola....... ROSSINI
6. Nathalie (valse) .... BOUSQUET

A SAINT-JOSEPH

GRANDS MAGASINS DE NOUVEAUTÉS

117-119, rue Montmartre, 2, rue Joquelet

Paris.

OCCASIONS ACTUELLES

FAILLES NOIRES POUR JUPONS

Faille noire, gros grain, larg. 60 c. le mèt.. 3 90

Faille, gros grain, *noir dépouillé*, larg. 60 c. le mètre 4 90

Faille noire, gros grain, *qualité extra*, larg. 60 cent. le mètre.................... 5 75

Drap Saint-Joseph, uni, *nuances nouvelles* le mètre..................... » 65

Satin pure laine, très-belle qualité, le mèt. 1 35

Cheviot, tissu anglais pour costumes de voyage, le mètre.................... 1 95

Alpaga noir, *affaires hors cours*, larg. 80 c. le mètre................ 1 45

Cachemire d'Ecosse noir, largeur 120 cent. le mètre................... 2 25

OCCASION. Cravates-Duchesse, val. de 6 fr. A SAINT-JOSEPH........ 2 45

Cravates Lavallière, *tout soie*............. » 25

Valise voyage grand modèle fermant à clef. 4 25

TROUSSEAUX POUR COLLÉGES ET PENSIONS

Envoi franco en province et à l'étranger.

CRÉDIT à TOUT le MONDE
à l'Omnibus du Travailleur

10, 41 et 44, rue Coquillière

UN TIERS COMPTANT

le reste par semaine, par quinzaine et par mois

Meubles, Literie. Confections pour hommes et dames Soieries, Lainages, Nouveautés et Bijouterie

100,000 CLIENTS INSCRITS

Mobilier complet — Acajou

Composé de 18 objets, pour 280 fr.

CONCERT DE LA SCALA

13, BOULEVARD DE STRASBOURG, 13

THEATRE A CIEL OUVERT

Tous les soirs à 7 h. 1/2 concert, spectacle

DIMANCHES ET FÊTES, CONCERT DE JOUR DE 2 A 5 HEURES

Prix d'entrée : 50 c. et 1 fr. places réservées.

ON DEMANDE

Un associé ou commanditaire avec apport de 3,000 fr, pour exploiter un objet (breveté), de première nécessité et indispensable au Commerce S'adresser à l'administration des Concerts militaires, 21, rue Bergère.

MIGRAINES NÉVRALGIES
calmées à l'instant par

Le PAULLINIA CLÉRET

Pharmacie des Panoramas, 151, rue Montmartre

5 francs la boîte.

CHANGEMENT DE DOMICILE
DU
PHOTOGRAPHE
DISDERI

ACTUELLEMENT

6, Boulevard des Italiens, 6

NON PLUS
MAISON ROBERT-HOUDIN
MAIS A COTÉ
AU N° 6

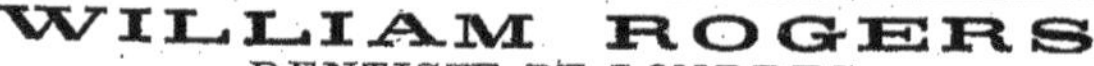

WILLIAM ROGERS
DENTISTE DE LONDRES
Paris, 270, rue Saint-Honoré, (EN FACE LE PASSAGE DELORME)

CONCERTS
du Jardin du

MILITAIRES
Palais-Royal

1ʳᵉ Année. — N° 43
TIRAGE QUOTIDIEN
2,000 Exemplaires

BUREAUX
et
ADMINISTRATION
20, Rue Saint-Joseph, 20,

Bourse des Locations immobilières

GALERIE VIVIENNE, 55, 57, 59

MM. les propriétaires sont invités à faire connaître les locations vacantes dans leurs immeubles.

Ces Renseignements sont fournis gratuitement aux personnes qui les demandent.

LEÇONS D'ALLEMAND

Un français, bachelier ès lettres, qui a enseigné la langue et la littérature françaises dans une des principales écoles de l'Allemagne, possédant parfaitement la langue allemande, désire en donner des leçons.

S'adresser rue Saint-André-des-Arts, 46, au quatrième, au-dessus de l'entresol, à gauche. Le matin, avant midi et demi, ou le soir de 7 à 9 heures.

AU PASSAGE DELORME

LITERIE ET MEUBLES

MAISON DE CONFIANCE FONDÉE EN 1789
262, RUE SAINT-HONORÉ, EN FACE LE PASSAGE

J. LITZELMANN

Envoi franco dans toute la France.
Gros et Détail.

VIN DE QUINQUINA TITRÉ

Au bordeaux 2 francs 75 le litre, 1 francs 75 le demi-litre
Au Malaga 4 francs 75 le litre, 2 francs 75 le demi-litre
Livraison franco à domicile
Pharmacie G. GENDRON,
Boulevard Beaumarchais, 67.

TROISIÈME ÉDITION DU BEAU ROMAN

MARIE FAVRAI

JEUNE FILLE PAUVRE
Par Madame Badère

Marie Favrai est une étude prise sur nature et dans le vif de la société actuelle; c'est un grand drame émouvant et saisissant d'intérêt.

CHEZ DENTU, PALAIS-ROYAL.

LA PARISIENNE

21, RUE BERGÈRE, 21.

AFFICHAGE

Paris et Province
SPÉCIALITÉ

DE LA BANDE D'ADRESSES — PLIAGE ET MISE SOUS BANDE

PROGRAMME

du

Dimanche 30 août 1874

PALAIS-ROYAL — de **5 à 6 1/2**

71ᵉ DE LIGNE

CHEF : M. Boyer

1. Faust (chœur des soldats) .... GOUNOD
2. Guillaume Tell (fantaisie) .... ROSSINI
3. Don Pasquale (fantaisie) ...... DONIZETTI
4. La Dame blanche (gr. mosaïque) BOIELDIEU
5. Le Bouquet de Valses .... BOUÉ
6. Héloïse et Abeilard (polka) ... LITTOLF

A SAINT JOSEPH

GRANDS MAGASINS DE NOUVEAUTÉS

117-119, rue Montmartre, 2, rue Joquelet
Paris

OCCASIONS ACTUELLES

FAILLES NOIRES POUR JUPONS

Faille noire, gros grain, larg. 60 c. le mèt.	3 90
Faille, gros grain, *noir dépouillé*, larg. 60 c. le mètre	4 90
Faille noire, gros grain, *qualité extra*, larg. 60 cent. le mètre	5 75
Drap Saint-Joseph, uni, *nuances nouvelles* le mètre	» 85
Satin pure laine, très-belle qualité, le mèt.	1 85
Cheviot, tissu anglais pour costumes de voyage. le mètre	2 85
Alpaga noir, *affaires hors cours*, larg. 80 c. le mètre	1 45
Cachemire d'Ecosse noir, largeur 120 cent. le mètre	3 25
OCCASION. Cravates Duchesse, val. de 6 fr. A SAINT-JOSEPH	2 45
Cravates Lavallière, *tout soie*	» 25
Valise voyage grand modèle, *formant à clef*	4 25

TROUSSEAUX POUR COLLÉGES ET PENSIONS

Envoi franco en province et à l'étranger

CRÉDIT à TOUT le MONDE

à l'Omnibus du Travailleur

10, 41 et 44, rue Coquillière

UN TIERS COMPTANT

le reste par semaine, par quinzaine et par mois

Meubles, Literie, Confections pour hommes et dames
Soieries, Lainages, Nouveautés et Bijouterie
100,000 CLIENTS INSCRITS

Mobilier complet — Acajou
Composé de 18 objets, pour **280 fr.**

CONCERT DE LA SCALA

13, BOULEVARD DE STRASBOURG, 13

THÉÂTRE A CIEL OUVERT

Tous les soirs à 7 h. 1/2 concert, spectacle
DIMANCHES ET FÊTES, CONCERT DE JOUR DE 2 A 5 HEURES
Prix d'entrée : **50 c.** et **1 fr.** places réservées.

ON DEMANDE

Un associé ou commanditaire avec apport de 3,000 fr. pour exploiter un objet (breveté) de première nécessité et indispensable au commerce. S'adresser à l'administration des Concerts militaires, 21, rue Bergère.

MIGRAINES NÉVRALGIES

calmées à l'instant par
Le PAULLINIA CLERET
Pharmacie des Panoramas, 151, rue Montmartre.
5 francs la boîte.

CHANGEMENT DE DOMICILE

DU

PHOTOGRAPHE

DISDÉRI

ACTUELLEMENT

6, Boulevard des Italiens, 6

NON PLUS

MAISON ROBERT-HOUDIN

MAIS A COTÉ

AU N° 6

PROPRIÉTAIRES : MM. ROCHETTE et Cᵉ   Imprimerie PAUL LIBÉRAL et Cᵉ, 20, rue St-Joseph.

WILLIAM ROGERS
DENTISTE DE LONDRES
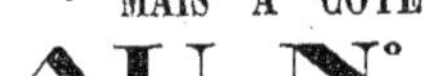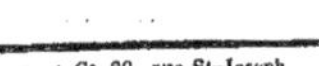
Paris, 270, rue Saint-Honoré, (EN FACE LE PASSAGE DELORME)

CONCERTS
Du Jardin

1re Année. — N° 44
TIRAGE QUOTIDIEN
2,000 Exemplaires

MILITAIRES
des Tuileries

BUREAUX
et
ADMINISTRATION
20, Rue Saint-Joseph, 20,

Bourse des Locations immobilières
GALERIE VIVIENNE, 55, 57, 59

MM. les propriétaires sont invités à faire connaître les locations vaccantes dans leurs immeubles.
Ces Renseignements sont fournis gratuitement aux personnes qui les demandent.

LEÇONS D'ALLEMAND
Un français bachelier ès-lettres, qui a enseigné la langue et la littérature françaises dans une des principales écoles de l'Allemagne, possédant parfaitement la langue allemande, désire en donner des leçons.

S'adresser rue Saint-André-des-Arts, 46, au quatrième au-dessus de l'entresol, à gauche. Le matin, avant midi et demi, ou le soir de 7 à 9 heures.

AU PASSAGE DELORME
LITERIE ET MEUBLES
MAISON DE CONFIANCE FONDÉE EN 1789

262, RUE SAINT-HONORÉ, EN FACE LE PASSAGE
J. LITZELMANN
Envoi franco dans toute la France.
Gros et Détail.

VIN DE QUINQUINA TITRÉ
Au bordeaux 2 francs 75 le litre, 1 franc 75 le demi-litre
Au Malaga 4 francs 75 le litre, 2 francs 75 le demi-litre
Livraison franco à domicile
Pharmacie G. GENDRON,
Boulevard Beaumarchais, 67.

TROISIÈME ÉDITION DU BEAU ROMAN
MARIE FAVRAI
JEUNE FILLE PAUVRE
Par Madame Badère
Marie Favrai est une étude prise sur nature et dans le vif de la société actuelle; c'est un grand drame émouvant et saisissant d'intérêt
Chez Dentu, Palais-Royal

PROGRAMME
du
Mardi 1er septembre 1874

TUILERIES — **De 5 à 6 1/2**

GARDE RÉPUBLICAINE
CHEF : **M. Sellenick**

1. Le Caïd .... AMB. THOMAS
2. Les Huguenots .... MEYERBEER
3. Duo de flûte (hautbois) .... GUTTERMANN
4. Solo de cornet à piston .... SELLENICK
5. Richard Cœur-de-Lion .... GRÉTRY
6. Souvenirs (mazurka) .... X...

A SAINT-JOSEPH

GRANDS MAGASINS DE NOUVEAUTÉS

117-119, rue Montmartre, 2, rue Joquelet
Paris.

OCCASIONS ACTUELLES

FAILLES NOIRES POUR JUPONS

Faille noire, gros grain, larg. 60 c. le mèt..	3 90
Faille, gros grain, *noir dépouillé*, larg. 60 c. le mètre	4 90
Faille noire, gros grain, *qualité extra*, larg. 60 cent. le mètre..................	5 75
Drap Saint-Joseph, uni, *nuances nouvelles* le mètre	» 65
Satin pure laine, très-belle qualité, le mèt.	1 35
Cheviot, tissu anglais pour costumes de voyage, le mètre..................	1 95
Alpaga noir, *affaires hors cours*, larg. 80 c. le mètre..................	1 45
Cachemire d'Ecosse noir, largeur 120 cent. le mètre..................	3 25
OCCASION Cravates-Duchesse, val. de 6 fr. A SAINT-JOSEPH	2 45
Cravates Lavallière, *tout soie*............	» 25
Valise voyage grand modèle formant à clef.	4 25

TROUSSEAUX POUR COLLÈGES ET PENSIONS
Envoi franco en province et à l'étranger.

CRÉDIT à TOUT le MONDE
à l'Omnibus du Travailleur
10, 41 et 44, rue Coquillière

UN TIERS COMPTANT
le reste par semaine, par quinzaine et par mois

Meubles, Literie. Confections pour hommes et dames
Soieries. Lainages, Nouveautés et Bijouterie
100,000 CLIENTS INSCRITS

Mobilier complet — Acajou
Composé de 18 objets, pour 280 fr.

CONCERT DE LA SCALA
13, BOULEVARD DE STRASBOURG, 13
THEATRE A CIEL OUVERT
Tous les soirs à 7 h. 1/2 concert, spectacle
DIMANCHES ET FÊTES, CONCERT DE JOUR DE 2 A 5 HEURES
Prix d'entrée : **50 c.** et **1 fr.** places réservées.

ON DEMANDE
Un associé ou commanditaire avec apport de 3,000 fr. pour exploiter un objet (breveté), de première nécessité et indispensable au Commerce. S'adresser à l'administration des Concerts militaires, 21, rue Bergère.

MIGRAINES NÉVRALGIES
calmées à l'instant par
Le PAULLINIA CLÉRET
Pharmacie des Panoramas, 151, rue Montmartre
5 francs la boîte.

CHANGEMENT DE DOMICILE
DU
PHOTOGRAPHE

ACTUELLEMENT
6, Boulevard des Italiens, 6

NON PLUS
MAISON ROBERT-HOUDIN
MAIS A COTÉ
AU N° 6

PROPRIÉTAIRES : MM. ROCHETTE et Cie   Imprimerie PAUL LIBÉRAL et Cie, 20, rue St-Joseph

---

L'Administration des **CONCERTS MILITAIRES** fait savoir au public qu'à partir de ce jour, ses bureaux sont transférés rue Saint-Joseph, 20. (*Maison de l'Imprimerie*).

CONCERTS

du Jardin du

MILITAIRES

Palais-Royal

1re Année. — N° 45
TIRAGE QUOTIDIEN
2,000 Exemplaires

BUREAUX
et
ADMINISTRATION
20, Rue Saint-Joseph, 20,

Bourse des Locations immobilières

GALERIE VIVIENNE, 55, 57, 59

MM. les propriétaires sont invités à faire connaître les locations vacantes dans leurs immeubles.

Ces Renseignements sont fournis gratuitement aux personnes qui les demandent.

LEÇONS D'ALLEMAND

Un français, bachelier ès lettres, qui a enseigné la langue et la littérature françaises dans une des principales écoles de l'Allemagne, possédant parfaitement la langue allemande, désire en donner des leçons.

S'adresser rue Saint-André-des-Arts, 46, au quatrième, au-dessus de l'entresol, à gauche. Le matin, avant midi et demi, ou le soir de 7 à 9 heures.

AU PASSAGE DELORME

LITERIE ET MEUBLES

MAISON DE CONFIANCE FONDÉE EN 1789

262, RUE SAINT-HONORÉ, EN FACE LE PASSAGE

J. LITZELMANN

Envoi franco dans toute la France.
Gros et Détail.

VIN DE QUINQUINA TITRÉ

Au bordeaux 2 francs 75 le litre, 1 franc 75 le demi-litre
Au Malaga 4 francs 75 le litre, 2 francs 75 le demi-litre

Livraison franco à domicile

Pharmacie G. GENDRON,
Boulevard Beaumarchais, 67.

TROISIÈME ÉDITION DU BEAU ROMAN

MARIE FAVRAI

JEUNE FILLE PAUVRE

Par Madame Badère

Marie Favrai est une étude prise sur nature et dans le vif de la société actuelle; c'est un grand drame émouvant et qui laisse d'intérêt.

CHEZ DENTU, PALAIS-ROYAL.

PROGRAMME

du

Mercredi 2 septembre 1874

PALAIS-ROYAL — de **5** à **6 1/2**

48e DE LIGNE

CHEF : M. Pochet

1. Guillaume III (allegro militaire).. SELLENICK
2. La Dame de Pique (fantaisie).... HALÉVY
3. La Juive (fantaisie) .... HALÉVY
4. La Somnambule (fantaisie)...... BELLINI
5. La Traviata (fantaisie).......... VERDI
6. Berthe (valse)................. STRAUSS

A SAINT JOSEPH

GRANDS MAGASINS DE NOUVEAUTÉS

117-119, rue Montmartre, 2, rue Joquelet

Paris

OCCASIONS ACTUELLES

FAILLES NOIRES POUR JUPONS

Faille noire, gros grain, larg. 60 c le mèt.	3 90
Faille, gros grain, *noir dépouillé*, larg. 60 c. le mètre	4 90
Faille noire, gros grain, *qualité extra*, larg 60 cent. le mètre..........................	5 75
Drap Saint-Joseph, uni, *nuances nouvelles* le mètre	» 65
Satin pure laine, très-belle qualité, le mèt.	1 35
Cheviot, tissu anglais pour costumes de voyage, le mètre..........................	1 95
Alpaga noir, *affaires hors cours*, larg. 80 c. le mètre	1 45
Cachemire d'Ecosse noir, largeur 120 cent. le mètre	3 25
OCCASION. Cravates Duchesse, val. de 6 fr. A SAINT-JOSEPH.............	2 45
Cravates Lavallière, *tout soie*	» 25
Valise voyage grand modèle, *fermant à clef*	4 25

TROUSSEAUX POUR COLLÉGES ET PENSIONS

Envoi franco en province et à l'étranger

CRÉDIT à TOUT le MONDE

à l'Omnibus du Travailleur

10, 41 et 44, rue Coquillière

UN TIERS COMPTANT

le reste par semaine, par quinzaine et par mois

Meubles, Literie, Confections pour hommes et dames
Soieries, Lainages, Nouveautés et Bijouterie
100,000 CLIENTS INSCRITS

Mobilier complet — Acajou
Composé de 18 objets, pour 280 fr.

CONCERT DE LA SCALA

13, BOULEVARD DE STRASBOURG, 13

THÉATRE A CIEL OUVERT

Tous les soirs à 7 h. 1/2 concert, spectacle
DIMANCHES ET FÊTES, CONCERT DE JOUR DE 2 A 5 HEURES
Prix d'entrée : 50 c. et 1 fr. places réservées.

ON DEMANDE

Un associé ou commanditaire avec apport de 3,000 fr. pour exploiter un objet (breveté) de première nécessité et indispensable au commerce. S'adresser à l'administration des Concerts militaires, 21, rue Bergère.

MIGRAINES NÉVRALGIES

calmées à l'instant par

Le PAULLINIA CLERET

Pharmacie des Panoramas, 151, rue Montmartre.
5 francs la boîte.

CHANGEMENT DE DOMICILE

DU

PHOTOGRAPHE

DISDÉRI

ACTUELLEMENT

6, Boulevard des Italiens, 6

NON PLUS

MAISON ROBERT-HOUDIN

MAIS A COTÉ

AU N° 6

L'Administration des **CONCERTS MILITAIRES** fait savoir au public qu'à partir du 1er septembre, ses bureaux sont transférés rue Saint-Joseph, 20. (*Maison de l'Imprimerie*).

CONCERTS
Du Jardin

1re Année. — N° 46
TIRAGE QUOTIDIEN
2,000 Exemplaires

MILITAIRES
des Tuileries

BUREAUX
et
ADMINISTRATION
20, Rue Saint-Joseph, 20,

Bourse des Locations immobilières

GALERIE VIVIENNE, 55, 57, 59

MM. les propriétaires sont invités à faire connaître les locations vacantes dans leurs immeubles.

Ces Renseignements sont fournis gratuitement aux personnes qui les demandent

LEÇONS D'ALLEMAND

Un français bachelier ès-lettres, qui a enseigné la langue et la littérature françaises dans une des principales écoles de l'Allemagne, possédant parfaitement la langue allemande, désire en donner des leçons.

S'adresser rue Saint-André-des-Arts, 46, au quatrième au-dessus de l'entresol, à gauche. Le matin, avant midi et demi, ou le soir de 7 à 9 heures.

AU PASSAGE DELORME

LITERIE ET MEUBLES

MAISON DE CONFIANCE FONDÉE EN 1789
262, RUE SAINT-HONORÉ, EN FACE LE PASSAGE

J. LITZELMANN

Envoi franco dans toute la France.
Gros et Détail.

VIN DE QUINQUINA TITRÉ

Au bordeaux 2 francs 75 le litre, 1 franc 75 le demi-litre
Au Malaga 4 francs 75 le litre, 2 francs 75 le demi-litre

Livraison franco à domicile
Pharmacie G. GENDRON,
Boulevard Beaumarchais, 67.

TROISIÈME ÉDITION DU BEAU ROMAN

MARIE FAVRAI

JEUNE FILLE PAUVRE

Par Madame Badère

Marie Favrai est une étude prise sur nature et dans le vif de la société actuelle; c'est un grand drame émouvant et saisissant d'intérêt

Chez Dentu, Palais-Royal

PROGRAMME

du

Jeudi 3 septembre 1874

TUILERIES — De 5 à 6 1/2

71e DE LIGNE

CHEF : M. Boyer

1. Le Songe d'une Nuit d'Été (allegro militaire) .... A. THOMAS
2. Guillaume Tell (fantaisie)......... ROSSINI
3. Don Pasquale (fantaisie)......... DONIZETTI
4. La Dame blanche (mosaïque).... BOIELDIEU
5. Le Bouquet de Valses.......... BOUÉ
6. Souvenirs de Tivoli (polka....... BOSCH

A SAINT-JOSEPH

GRANDS MAGASINS DE NOUVEAUTÉS

117-119, rue Montmartre, 2, rue Joquelet

Paris.

OCCASIONS ACTUELLES
FAILLES NOIRES POUR JUPONS

Faille noire, gros grain, larg. 60 c. le mèt..	3 90
Faille, gros grain, *noir dépouillé*, larg. 60 c le mètre	4 90
Faille noire, gros grain, *qualité extra*, larg. 60 cent. le mètre.........	5 75
Drap Saint-Joseph, uni, *nuances nouvelles* le mètre	» 85
Satin pure laine, très-belle qualité, le mèt.	1 85
Cheviot, tissu anglais pour costumes de voyage, le mètre..........................	1 95
Alpaga noir, *affaires hors cours*, larg. 80 c. le mètre.........................	1 45
Cachemire d'Ecosse noir, largeur 120 cent. le mètre.........................	3 25
OCCASION. Cravates-Duchesse, val. de 6 fr. A SAINT-JOSEPH	2 45
Cravates Lavallière, *tout soie*...............	» 85
Valise voyage grand modèle fermant à clef.	4 25

TROUSSEAUX POUR COLLÉGES ET PENSIONS
Envoi franco en province et à l'étranger.

CRÉDIT à TOUT le MONDE
à l'Omnibus du Travailleur
10, 41 et 44, rue Coquillière

UN TIERS COMPTANT
le reste par semaine, par quinzaine et par mois

Meubles, Literie. Confections pour hommes et dames Soieries. Lainages, Nouveautés et Bijouterie
100,000 CLIENTS INSCRITS

Mobilier complet — Acajou
Composé de 18 objets, pour 280 fr.

CONCERT DE LA SCALA
13, BOULEVARD DE STRASBOURG, 13

THEATRE A CIEL OUVERT

Tous les soirs à 7 h. 1/2 concert, spectacle
DIMANCHES ET FÊTES, CONCERT DE JOUR DE 2 A 5 HEURES
Prix d'entrée : 50 c. et 1 fr. places réservées.

ON DEMANDE

Un associé ou commanditaire avec apport de 3,000 fr, pour exploiter un objet (breveté), de première nécessité et indispensable au Commerce S'adresser à l'administration des Concerts militaires, 21, rue Bergère.

MIGRAINES NÉVRALGIES
calmées à l'instant par
Le PAULLINIA CLÉRET
Pharmacie des Panoramas, 151, rue Montmartre
5 francs la boîte.

CHANGEMENT DE DOMICILE

DU

PHOTOGRAPHE

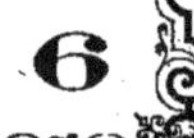

ACTUELLEMENT

6, Boulevard des Italiens, 6

NON PLUS

MAISON ROBERT-HOUDIN

MAIS A COTÉ

AU N° 6

L'Administration des **CONCERTS MILITAIRES** fait savoir au public qu'à partir du 1er septembre, ses bureaux sont transférés rue Saint-Joseph. 20. (*Maison de l'Imprimerie*).

CONCERTS
du Jardin du...

MILITAIRES
Palais-Royal

1re Année. — N° 47
TIRAGE QUOTIDIEN
2,000 Exemplaires

DÉPOT LÉGAL
1874

BUREAUX
et
ADMINISTRATION
20, Rue Saint-Joseph, 20,

Bourse des Locations immobilières

GALERIE VIVIENNE, 55, 57, 59

MM. les propriétaires sont invités à faire connaîtrre les locations vaccantes dans leurs immeubles.

Ces Renseignements sont fournis gratuitement aux personnes qui les demandent.

75 cent. — Librairie Bouguiller, 68, rue de Rivoli

Par THIMOTHÉE TRIMM (Léo Lespès)

COMMENT ON PEUT SE MARIER

2e édition

VIENT DE PARAITRE

LEÇONS D'ALLEMAND

Un français, bachelier ès lettres, qui a enseigné la langue et la littérature françaises dans une des principales écoles de l'Allemagne, possédant parfaitement la langue allemande, désire en donner des leçons.

S'adresser rue Saint-André-des-Arts, 46, au quatrième, au-dessus de l'entresol, à gauche, Le matin, avant midi et demi, ou le soir de 7 à 9 heures.

AU PASSAGE DELORME
LITERIE ET MEUBLES
MAISON DE CONFIANCE FONDÉE EN 1789
262, RUE SAINT-HONORÉ, EN FACE LE PASSAGE
J. LITZELMANN
Envoi franco dans toute la France.
Gros et Détail.

VIN DE QUINQUINA TITRÉ

Au bordeaux 2 francs 75 le litre, 1 francs 75 le demi-litre
Au Malaga 4 francs 75 le litre, 2 francs 75 le demi-litre
Livraison franco à domicile
Pharmacie G. GENDRON,
Boulevard Beaumarchais, 67.

Mme **PARIS**, somnambule, 1re cl., sous la direction d'un Dr; r. du Roule, 10, au 2e (halles centrales).

PROGRAMME
du
Samedi 5 septembre 1874

PALAIS-ROYAL -- de 5 à 6 1/2

GARDE RÉPUBLICAINE
CHEF : M. SELLENICK

1. Mignon (1re audition) . . . . . . THOMAS
2. Solo de cornet . . . . ARBAN
3. Les Fiancés de la Mort (sur des motifs de Schubert et des poésies de BÉLANGER) . . . . E. KREMPEL
4. Yetty . . . . SELLENICK
5. Gita in Gondola . . . . ROSSINI
6. 2me Sérénade bretonne (1re aud) HEMET

A SAINT JOSEPH

GRANDS MAGASINS DE NOUVEAUTÉS

117-119, rue Montmartre, 2, rue Joquelet
Paris
OCCASIONS ACTUELLES

FAILLES NOIRES POUR JUPONS

Faille noire, gros grain, larg. 60 c le mèt. **3 90**

Faille, gros grain, *noir dépouillé*, larg. 60 c. le mètre **4 00**

Faille noire, gros grain, *qualité extra*, larg 60 cent. le mètre **5 75**

Drap Saint-Joseph, uni, *nuances nouvelles* le mètre . . . . **» 65**

Satin pure laine, très-belle qualité, le mèt. **1 35**

Cheviot, tissu anglais pour costumes de voyage, le mètre **1 95**

Alpaga noir, *affaires hors cours*, larg. 80 c. le mètre **1 45**

Cachemire d'Ecosse noir, largeur 120 cent. le mètre **3 25**

OCCASION. CravatesDuchesse, val. de 6 fr. A SAINT-JOSEPH **2 45**

Cravates Lavallière, *tout soie* . . . . **» 25**

Valise voyage grand modèle, *fermant à clef* **4 25**

TROUSSEAUX POUR COLLÉGES ET PENSIONS
Envoi franco en province et à l'étranger

CRÉDIT à TOUT le MONDE

à l'Omnibus du Travailleur

10, 41 et 44, rue Coquillière

UN TIERS COMPTANT
le reste par semaine, par quinzaine et par mois

Meubles, Literie, Confections pour hommes et dames
Soieries, Lainages, Nouveautés et Bijouterie
100,000 CLIENTS INSCRITS

Mobilier complet — Acajou
Composé de 19 objets, pour 290 fr.

CONCERT DE LA SCALA
13, BOULEVARD DE STRASBOURG, 13
THÉATRE A CIEL OUVERT
Tous les soirs à 7 h. 1/2 concert, spectacle
DIMANCHES ET FÊTES, CONCERT DE JOUR DE 2 A 5 HEURES
Prix d'entrée : **50 c.** et **1 fr.** places réservées.

ON DEMANDE
Un associé ou commanditaire avec apport de 3,000 fr. pour exploiter un objet (breveté) de première nécessité et indispensable au commerce. S'adresser à l'administration des Concerts militaires, 21, rue Bergère.

CHAUSSURES COUSUES POUR HOMMES

Au 1er # GIRARD Au 1er

17, rue Neuve-des-Petits-Champs, 17
PAS en boutique
Maison du Chapelier et du marchand de Statuettes, en face la Bibliothèque.
SEULE MAISON VRAIMENT SPÉCIALE
de Demi-bottes vernies . . . . **19** fr.
Demi-bottes veau **18**
Demi-bottes chèvre **17**
Bottines élastiques veau et vernies depuis **17**

Cette demi-botte a l'avantage sur la bottine de ne pas emprisonner le bas de la jambe, et d'y provoquer des varices superficielles. De mieux aller au pantalon, d'être une conservation de tiges que n'ont pas celles à élastiques, lesquelles ont souvent besoin d'être changées.

Fadrique et Magasin
de chaussures cousues
POUR DAMES

Spécialité de bottines à boutons
Tous articles supérieurs
Bottines véritable chevreau 7 boutons, seule maison qui les vend à ce prix . . . **19** fr.
Bottines étoffe 1re qualité id. . . . **16**
Bottines chèvre id. **18**
Bottines veau fin id **18**

LA MAISON FAIT AUSSI SUR MESURE

PROPRIÉTAIRES : MM. ROCHETTE et Ce   Imprimerie PAUL LIBÉRAL et Ce, 20, rue St-Joseph.

L'Administration des **CONCERTS MILITAIRES** fait savoir au public qu'à partir du 1er septembre, ses bureaux sont transférés rue Saint-Joseph, 20. (*Maison de l'Imprimerie*).

CONCERTS  MILITAIRES.
du Jardin du — Palais-Royal

1re Année. — N° 48
TIRAGE QUOTIDIEN
2,000 Exemplaires

BUREAUX
et
ADMINISTRATION
20, Rue Saint-Joseph, 20,

Bourse des Locations immobilières
GALERIE VIVIENNE, 55, 57, 59

MM. les propriétaires sont invités à faire connaître les locations vacantes dans leurs immeubles.

Ces Renseignements sont fournis gratuitement aux personnes qui les demandent.

VIENT DE PARAITRE

2e édition

COMMENT ON PEUT SE MARIER
Par THIMOTHÉE TRIMM (Léo Lespès)

75 cent. — Librairie Bouquillert, 68, rue de Rivoli

LECONS D'ALLEMAND
Un français, bachelier ès lettres, qui a enseigné la langue et la littérature françaises dans une des principales écoles de l'Allemagne, possédant parfaitement la langue allemande, désire en donner des leçons.

S'adresser rue Saint-André-des-Arts, 46, au quatrième, au-dessus de l'entresol, à gauche. Le matin, avant midi et demi, ou le soir de 7 à 9 heures.

AU PASSAGE DELORME
LITERIE ET MEUBLES
MAISON DE CONFIANCE FONDÉE EN 1789
282, RUE SAINT-HONORÉ, EN FACE LE PASSAGE
J. LITZELMANN
Envoi franco dans toute la France.
Gros et Détail.

VIN DE QUINQUINA TITRÉ
Au bordeaux 2 francs 75 le litre, 1 francs 75 le demi-litre
Au Malaga 4 francs 75 le litre, 2 francs 75 le demi-litre
Livraison franco à domicile
Pharmacie G. GENDRON,
Boulevard Beaumarchais, 67.

Mme **PARIS,** somnambule, 1re cl., sous la direction d'un D^r; r. du Roule, 10, au 2e (halles centrales).

PROGRAMME
du
Dimanche 6 septembre 1874

PALAIS-ROYAL — de **5 à 6 1/2**

64e DE LIGNE
CHEF : M. Ch. Jacoutot

1. La Fille de Madame Angot (allegro militaire) . . . . LECOCQ
2. Finale de Lucie (fantaisie) . . . . DONIZETTI
3. Les Bords du Lac de Garde (tyrol.) BONNOT
4. La Diva (fantaisie) . . . . OFFENBACH
5. Ernani (fantaisie) . . . . VERDI
6. Polka des Masques . . . . . . MUSARD

A SAINT JOSEPH
GRANDS MAGASINS DE NOUVEAUTÉS
117-119, rue Montmartre, 2, rue Joquelet
Paris
OCCASIONS ACTUELLES
FAILLES NOIRES POUR JUPONS

Faille noire, gros grain, larg. 60 c. le mèt.	3 90
Faille, gros grain, *noir dépouillé*, larg. 60 c. le mètre	4 90
Faille noire, gros grain, *qualité extra*, larg. 60 cent. le mètre	5 75
Drap Saint-Joseph, uni, *nuances nouvelles* le mètre	» 65
Satin pure laine, très-belle qualité, le mèt.	1 35
Cheviot, tissu anglais pour costumes de voyage, le mètre	1 95
Alpaga noir, *affaires hors cours*, larg. 80 c. le mètre	1 45
Cachemire d'Ecosse noir, largeur 120 cent. le mètre	3 25
OCCASION. Cravates Duchesse, val. de 6 fr. A SAINT-JOSEPH	2 45
Cravates Layallière, *tout soie*	» 25
Valise voyage grand modèle, *fermant à clef*	4 25

TROUSSEAUX POUR COLLÉGES ET PENSIONS
Envoi franco en province et à l'étranger

CRÉDIT à TOUT le MONDE
à l'Omnibus du Travailleur
10, 41 et 44, rue Coquillière

UN TIERS COMPTANT
le reste par semaine, par quinzaine et par mois

Meubles, Literie, Confections pour hommes et dames
Soieries, Lainages, Nouveautés et Bijouterie
100,000 CLIENTS INSCRITS

Mobilier complet — Acajou
Composé de 18 objets, pour 280 fr.

CONCERT DE LA SCALA
13, BOULEVARD DE STRASBOURG, 13
THÉÂTRE A CIEL OUVERT
Tous les soirs à 7 h. 1/2 concert, spectacle
DIMANCHES ET FÊTES, CONCERT DE JOUR DE 2 A 5 HEURES
Prix d'entrée : **50 c. et 1 fr.** places réservées.

ON DEMANDE Un associé ou commanditaire avec apport de 8,000 fr. pour exploiter un objet (breveté) de première nécessité et indispensable au commerce. S'adresser à l'administration des Concerts militaires, 21, rue Bergère.

CHAUSSURES COUSUES POUR HOMMES
Au 1er GIRARD Au 1er
17, rue Neuve-des-Petits-Champs, 17
PAS en boutique
Maison du Chapelier et du marchand de Statuettes, en face la Bibliothèque.
SEULE MAISON VRAIMENT SPÉCIALE

de Demi-bottes vernies	19 fr.
Demi-bottes veau	18
Demi-bottes chèvre	17
Bottines élastiques veau et vernies depuis	17

Cette demi-botte a l'avantage sur la bottine de ne pas emprisonner le bas de la jambe, et d'y provoquer des varices superficielles. De mieux aller au pantalon, d'être une conservation de tiges que n'ont pas celles à élastiques, lesquelles ont souvent besoin d'être changées.

Fabrique et Magasin
de chaussures cousues
POUR DAMES
Spécialité de bottines à boutons
Tous articles supérieurs

Bottines véritable chevreau 7 boutons, seule maison qui les vende à ce prix	19 fr.
Bottines étoffe 1re qualité id.	16
Bottines chèvre id.	18
Bottines veau fin id.	19

LA MAISON FAIT AUSSI SUR MESURE

PROPRIÉTAIRES : MM. ROCHETTE et Ce   Imprimerie PAUL LIBÉRAL et Ce, 20, rue St-Joseph.

L'Administration des **CONCERTS MILITAIRES** fait savoir au public qu'à partir du 1er septembre, ses bureaux sont transférés rue Saint-Joseph, 20. (*Maison de l'Imprimerie*).

CONCERTS
Du Jardin

1ʳᵉ Année. — Nº 49
TIRAGE QUOTIDIEN
2,000 Exemplaires

MILITAIRES
des Tuileries

BUREAUX
et
ADMINISTRATION
20, Rue Saint-Joseph, 20,

Bourse des Locations immobilières

GALERIE VIVIENNE, 55, 57, 59

RENSEIGNEMENTS GRATUITS

Pour la location d'appartements meublés ou non meublés. Villas, campagnes, etc., etc.

AU PASSAGE DELORME
LITERIE ET MEUBLES

MAISON DE CONFIANCE FONDÉE EN 1789

262, RUE SAINT-HONORÉ, EN FACE LE PASSAGE

J. LITZELMANN

Envoi franco dans toute la France.
Gros et Détail.

VENTE DIRECTE
aux Consommateurs

25 0/0 meilleur marché

DEMANDEZ LE CATALOGUE GÉNÉRAL

VIN DE QUINQUINA TITRÉ

Au bordeaux 2 francs 75 le litre, 1 franc 75 le demi-litre
Au Malaga 4 francs 75 le litre, 2 francs 75 le demi-litre

Livraison franco à domicile
Pharmacie G. GENDRON,
Boulevard Beaumarchais, 67.

Mᵐᵉ **PARIS**, somnambule, 1ʳᵉ cl., sous la direction d'un Dʳ; r. du Roule, 10, au 2ᵉ (halles centrales).

PROGRAMME
du
Mardi 8 septembre 1874

TUILERIES — De 5 à 6 1/2

GARDE RÉPUBLICAINE

CHEF : M. Sellenick

1. Un Jour d'Été en Norwège . . WILMERS
2. Solo de piston . . . . SELLENICK
3. Les Huguenots . . . . MEYERBEER
4. Guillaume Tell (ouverture) . . . ROSSINI
5. Trovatore . . . . VERDI
6. Galop de Postillon. . . . . . . HERNSDORFF

SOLISTES

MM. Maury sous-chef, Triébert, Lecerf, Letailleur, Prevet, Beckman, Graffeuille, Parès, Joseph, Clayette, Elie, Schlottman.

A SAINT-JOSEPH

GRANDS MAGASINS DE NOUVEAUTÉS
117-119, rue Montmartre, 2, rue Joquelet
Paris.

OCCASIONS ACTUELLES
FAILLES NOIRES POUR JUPONS

Faille noire, gros grain, larg. 60 c. le mèt..	**3 90**
Faille, gros grain, *noir dépouillé*, larg. 60 c. le mètre	**4 90**
Faille noire, gros grain, *qualité extra*, larg. 60 cent. le mètre	**5 75**
Drap Saint-Joseph, uni, *nuances nouvelles* le mètre	» **65**
Satin pure laine, très-belle qualité, le mèt.	**1 85**
Cheviot, tissu anglais pour costumes de voyage, le mètre	**1 95**
Alpaga noir, *affaires hors cours*, larg. 80 c. le mètre	**1 45**
Cachemire d'Ecosse noir, largeur 120 cent. le mètre	**3 25**
OCCASION. Cravates-Duchesse, val de 6 fr. A SAINT-JOSEPH	**2 45**
Cravates Lavallière, *tout soie*	» **25**
Valise voyage grand modèle fermant à clef.	**4 25**

TROUSSEAUX POUR COLLÉGES ET PENSIONS
Envoi franco en province et à l'étranger.

CREDIT à TOUT le MONDE
à l'Omnibus du Travailleur

10, 41 et 44, rue Coquillière

UN TIERS COMPTANT

le reste par semaine, par quinzaine et par mois

Meubles, Literie. Confections pour hommes et dames Soieries. Lainages, Nouveautés et Bijouterie
100,000 CLIENTS INSCRITS

Mobilier complet — Acajou
Composé de 18 objets, pour 280 fr.

CONCERT DE LA SCALA

13, BOULEVARD DE STRASBOURG, 13

THEATRE A CIEL OUVERT

Tous les soirs à 7 h. 1/2 concert, spectacle
DIMANCHES ET FÊTES, CONCERT DE JOUR DE 2 A 5 HEURES
Prix d'entrée : **50 c.** et **1 fr.** places réservées.

ON DEMANDE
Un associé ou commanditaire avec apport de 3,000 fr, pour exploiter un objet (breveté), de première nécessité et indispensable au Commerce S'adresser à l'administration des Concerts militaires, 21, rue Bergère.

CHAUSSURES COUSUES POUR HOMMES

Au 1ᵉʳ GIRARD Au 1ᵉʳ

17, rue Neuve-des-Petits-Champs, 17

PAS en boutique

Maison du Chapelier et du marchand de Statuettes, en face la Bibliothèque.

SEULE MAISON VRAIMENT SPÉCIALE

de demi-bottes vernies	**18** fr.
Demi-bottes veau	**19**
Demi-bottes chèvre	**17**
Bottines élastiques veau et vernies depuis.	**17**

Cette demi-botte a l'avantage sur la bottine de ne pas emprisonner le bas de la jambe , et d'y provoquer des varices superficielles. De mieux aller au pantalon, d'être une conservation de tiges que n'ont pas celles à élastiques lesquelles ont besoin souvent d'être changées.

Fabrique et Magasin
de chaussures cousues
POUR DAMES

Spécialité de bottines à boutons
Tous articles supérieurs

Bottines véritable chevreau 7 boutons, seule maison qui les vende à ce prix	**18** fr.
Bottines étoffe 1ʳᵉ qualité id.	**16**
Bottines chèvre id.	**19**
Bottines veau fin id.	**18**

LA MAISON FAIT AUSSI SUR MESURE

PROPRIÉTAIRES : MM. ROCHETTE et Cⁱᵉ   Imprimerie PAUL LIBÉRAL et Cⁱᵉ , 20, rue St-Joseph

---

L'Administration des **CONCERTS MILITAIRES** fait savoir au public qu'à partir du 1ᵉʳ septembre, ses bureaux sont transférés rue Saint-Joseph, 20. (*Maison de l'Imprimerie*).

CONCERTS Du Jardin

1re Année. — N° 50
TIRAGE QUOTIDIEN
2,000 Exemplaires

MILITAIRES des Tuileries

BUREAUX
et
ADMINISTRATION
20, Rue Saint-Joseph, 20,

Bourse des Locations immobilières
GALERIE VIVIENNE, 55, 57, 59
RENSEIGNEMENTS GRATUITS
Pour la location d'appartements meublés ou non meublés. Villas, campagnes, etc., etc.

VIENT DE PARAITRE
3e édition
COMMENT ON PEUT SE MARIER
Par THIMOTHÉE TRIMM (Léo Lespès)
75 cent. — Librairie Bouquillet, 68, rue de Rivoli.

AU PASSAGE DELORME
LITERIE ET MEUBLES
MAISON DE CONFIANCE FONDÉE EN 1789
262, RUE SAINT-HONORÉ, EN FACE LE PASSAGE
J. LITZELMANN
Envoi franco dans toute la France.
Gros et Détail.

VENTE DIRECTE
aux Consommateurs

DEMANDEZ LE CATALOGUE GÉNÉRAL

VIN DE QUINQUINA TITRÉ
Au bordeaux 2 francs 75 le litre, 1 francs 75 le demi-litre
Au Malaga 4 francs 75 le litre, 2 francs 75 le demi-litre
Livraison franco à domicile
Pharmacie G. GENDRON,
Boulevard Beaumarchais, 67.

Mme PARIS, somnambule, 1re cl., sous la direction d'un Dr; r. du Roule, 10, au 2° (halles centrales).

PROGRAMME
du
Mercredi 9 septembre 1874

TUILERIES — De 5 à 6 1/2

48e DE LIGNE

CHEF : M. Pochet

1. Allegro militaire . . . . BUOT
2. Guillaume Tell (fantaisie) . . . . . ROSSINI
3. La Norma (fantaisie) . . . . BELLINI
4. La Juive (fantaisie) . . . . HALÉVY
5. Princesse (valse) . . . . LABITZKY
6. Cocotes et Cocodès (polka). . . . ARBAN

A SAINT-JOSEPH
GRANDS MAGASINS DE NOUVEAUTÉS
117-119, rue Montmartre, 2, rue Joquelet
Paris.
OCCASIONS ACTUELLES
FAILLES NOIRES POUR JUPONS

Faille noire, gros grain, larg. 60 c. le mèt.. **3 90**
Faille, gros grain, *noir dépouillé*, larg. 60 c. le mètre. **4 90**
Faille noire, gros grain, *qualité extra*, larg. 60 cent. le mètre. **5 75**
Drap Saint-Joseph, uni, *nuances nouvelles* le mètre. . . . . **» 85**
Satin pure laine, très-belle qualité, le mèt. **1 35**
Cheviot, tissu anglais pour costumes de voyage, le mètre. **1 95**
Alpaga noir, *affaires hors cours*, larg. 80 c. le mètre. **1 45**
Cachemire d'Ecosse noir, largeur 120 cent. le mètre. **3 25**
OCCASION. Cravates-Duchesse, val. de 6 fr. A SAINT-JOSEPH **2 45**
Cravates Lavallière, *tout soie*, ... **» 95**
Valise voyage grand modèle fermant à clef. **4 25**

TROUSSEAUX POUR COLLÉGES ET PENSIONS
Envoi franco en province et à l'étranger.

CREDIT à TOUT le MONDE
à l'Omnibus du Travailleur
10, 41 et 44, rue Coquillière
UN TIERS COMPTANT
le reste par semaine, par quinzaine et par mois

Meubles, Literie. Confections pour hommes et dames
Soieries. Lainages, Nouveautés et Bijouterie
100,000 CLIENTS INSCRITS

Mobilier complet — Acajou
Composé de 18 objets, pour 280 fr.

CONCERT DE LA SCALA
13, BOULEVARD DE STRASBOURG, 13
THEATRE A CIEL OUVERT
Tous les soirs à 7 h. 1/2 concert, spectacle
DIMANCHES ET FÊTES, CONCERT DE JOUR DE 2 A 5 HEURES
Prix d'entrée : **50 c.** et **1 fr.** places réservées.

ON DEMANDE
Un associé ou commanditaire avec apport de 3,000 fr, pour exploiter un objet (breveté), de première nécessité et indispensable au Commerce S'adresser à l'administration des Concerts militaires, 21, rue Bergère.

CHAUSSURES COUSUES POUR HOMMES
Au 1er GIRARD Au 1er
17, rue Neuve-des-Petits-Champs, 17
PAS en boutique
Maison du Chapelier et du marchand de Statuettes, en face la Bibliothèque.
SEULE MAISON VRAIMENT SPÉCIALE
de demi-bottes vernies . . . . **18** fr.
Demi-bottes veau **18**
Demi-bottes chèvre **17**
Bottines élastiques veau et vernies depuis. **17**

Cette demi-botte a l'avantage sur la bottine de ne pas emprisonner le bas de la jambe, et d'y provoquer des varices superficielles. De mieux aller au pantalon, d'être une conservation de tiges que n'ont pas celles à élastiques lesquelles ont besoin souvent d'être changées.

Fabrique et Magasin
de chaussures cousues
POUR DAMES
Spécialité de bottines à boutons
Tous articles supérieurs
Bottines véritable chevreau 7 boutons, seule maison qui les vendé à ce prix . . . . **18** fr.
Bottines étoffe 1re qualité id. . . . **16**
Bottines chèvre id. **18**
Bottines veau fin id. **18**

LA MAISON FAIT AUSSI SUR MESURE

L'Administration des **CONCERTS MILITAIRES** fait savoir au public qu'à partir du 1er septembre, ses bureaux sont transférés rue Saint-Joseph. 20. (*Maison de l'Imprimerie*).

CONCERTS
Du Jardin

1re Année. — N° 51
TIRAGE QUOTIDIEN
2,000 Exemplaires

MILITAIRES
des Tuileries

BUREAUX
et
ADMINISTRATION
20, Rue Saint-Joseph, 20,

Bourse des Locations immobilières
GALERIE VIVIENNE, 55, 57, 59

RENSEIGNEMENTS GRATUITS

Pour la location d'appartements meublés ou non meublés. Villas, campagnes, etc., etc.

VIENT DE PARAÎTRE
2e édition
COMMENT ON PEUT SE MARIER
Par **THIMOTHÉE TRIMM** (Léo Lespès)
75 cent. — Librairie Bouquilert, 68, rue de Rivoli.

AU PASSAGE DÉLORME
LITERIE ET MEUBLES
MAISON DE CONFIANCE FONDÉE EN 1789
262, RUE SAINT-HONORÉ, EN FACE LE PASSAGE
J. LITZELMANN
Envoi franco dans toute la France.
Gros et Détail.

VENTE DIRECTE
aux Consommateurs

25 0/0 meilleur marché

DEMANDEZ LE CATALOGUE GÉNÉRAL

VIN DE QUINQUINA TITRÉ
Au bordeaux 2 francs 75 le litre, 1 franc 75 le demi-litre
Au Malaga 4 francs 75 le litre, 2 francs 75 le demi-litre
Livraison franco à domicile
Pharmacie G. GENDRON,
Boulevard Beaumarchais, 67.

Mme PARIS, somnambule, 1re cl., sous la direction d'un Dr; r. du Roule, 10, au 2e (halles centrales).

PROGRAMME
du
Jeudi 10 septembre 1874

TUILERIES — De 5 à 6 1/2

82e DE LIGNE

CHEF : M. Digues

1. Marche . . . . X...
2. Le Domino noir (ouverture) . . . . AUBER
3. Le Pré aux Clercs (fantaisie) . . . HÉROLD
4. Nathalie (valse) . . . . BOUSQUET
5. La Cenerentola (fantaisie) . . . . ROSSINI
6. Polka . . . . X...

A SAINT-JOSEPH
GRANDS MAGASINS DE NOUVEAUTÉS
117-119, rue Montmartre, 2, rue Joquelet
Paris.

OCCASIONS ACTUELLES
FAILLES NOIRES POUR JUPONS

Faille noire, gros grain, larg. 60 c. le mèt..	3 90
Faille, gros grain, *noir dépouillé*, larg. 60 c. le mètre	4 90
Faille noire, gros grain, *qualité extra*, larg. 60 cent. le mètre	5 75
Drap Saint-Joseph, uni, *nuances nouvelles* le mètre	3 65
Satin pure laine, très-belle qualité, le mèt.	3 35
Cheviot, tissu anglais pour costumes de voyage, le mètre	3 95
Alpaga noir, *affaires hors cours*, larg. 80 c. le mètre	1 45
Cachemire d'Ecosse noir, largeur 120 cent. le mètre	3 25
OCCASION. Cravates-Duchesse, val. de 6 fr. A SAINT-JOSEPH	2 45
Cravates-Lavallière, *tout soie*	3 95
Valise voyage grand modèle fermant à clef.	4 25

TROUSSEAUX POUR COLLÉGES ET PENSIONS
Envoi franco en province et à l'étranger.

CREDIT à TOUT le MONDE
à l'Omnibus du Travailleur
10, 41 et 44, rue Coquillière

UN TIERS COMPTANT
le reste par semaine, par quinzaine et par mois

Meubles, Literie. Confections pour hommes et dames Soieries. Lainages, Nouveautés et Bijouterie
100,000 CLIENTS INSCRITS

Mobilier complet — Acajou
Composé de 18 objets, pour 290 fr.

CONCERT DE LA SCALA
13, BOULEVARD DE STRASBOURG, 13

THEATRE A CIEL OUVERT
Tous les soirs à 7 h. 1/2 concert, spectacle
DIMANCHES ET FÊTES, CONCERT DE JOUR DE 2 A 5 HEURES
Prix d'entrée : **50 c.** et **1 fr.** places réservées.

ON DEMANDE Un associé ou commanditaire avec apport de 3,000 fr, pour exploiter un objet (breveté), de première nécessité et indispensable au Commerce S'adresser à l'administration des Concerts militaires, 21, rue Bergère.

CHAUSSURES COUSUES POUR HOMMES
Au 1er GIRARD Au 1er
17, rue Neuve-des-Petits-Champs, 17
PAS en boutique
Maison du Chapelier et du marchand de Statuettes, en face la Bibliothèque.

SEULE MAISON VRAIMENT SPÉCIALE

de demi-bottes vernies	19 fr.
Demi-bottes veau	18
Demi-bottes chèvre	17
Bottines élastiques veau et vernies depuis	17

Cette demi-botte a l'avantage sur la bottine de ne pas emprisonner le bas de la jambe, et d'y provoquer des varices superficielles. De mieux aller au pantalon, d'être une conservation de tiges que n'ont pas celles à élastiques lesquelles ont besoin souvent d'être changées.

Fabrique et Magasin
de chaussures cousues
[**POUR DAMES**
Spécialité de bottines à boutons]
Tous articles supérieurs

Bottines véritable chevreau 7 boutons, seule maison qui les vende à ce prix.	19 fr.
Bottines étoffe 1re qualité id. . . .	16
Bottines chèvre id.	18
Bottines veau fin id.	18

LA MAISON FAIT AUSSI SUR MESURE

PROPRIÉTAIRES : MM. ROCHETTE et Ce   Imprimerie PAUL LIBÉRAL et Cie, 20, rue St-Joseph

---

L'Administration des **CONCERTS MILITAIRES** fait savoir au public qu'à partir du 1er septembre, ses bureaux sont transférés rue Saint-Joseph, 20. (*Maison de l'Imprimerie*).

CONCERTS
Du Jardin

1re Année. — No 52
TIRAGE QUOTIDIEN
2,000 Exemplaires

MILITAIRES
des Tuileries

BUREAUX
et
ADMINISTRATION
20, Rue Saint-Joseph, 20,

Bourse des Locations immobilières
GALERIE VIVIENNE, 55, 57, 59

RENSEIGNEMENTS GRATUITS

Pour la location d'appartements meublés ou non meublés. Villas, campagnes, etc., etc.

AUX GALERIES TURBIGO

16, rue de Turbigo et rue aux Ours, 38
(près les Halles centrales)

MAISON SPÉCIALE DE BLANC, LINGERIE, BONNETERIE

Pour cause de Cessation de Commerce

LIQUIDATION GÉNÉRALE

De toutes les Marchandises, vendues avec un

Rabais Considérable

Toiles, Calicots, Toiles de coton, Rideaux brodés, Mousseline, Couvertures, Linge de table et Confectionné Chemises pour hommes et pour femmes, Linge en tous genres, Bonnetterie de Laine et de Coton, *DES PRIX EXTRAORDINAIRES.*

OUVERTURE DE LA VENTE :

LUNDI 14 SEPTEMBRE ET JOURS SUIVANTS, A 9 H.

AU PASSAGE DELORME

LITERIE ET MEUBLES

MAISON DE CONFIANCE FONDÉE EN 1789
62, RUE SAINT-HONORÉ, EN FACE LE PASSAGE

J. LITZELMANN

Envoi franco dans toute la France.
Gros et Détail.

VIN DE QUINQUINA TITRÉ

Au bordeaux 2 francs 75 le litre, 1 franc 75 le demi-litre
Au Malaga 4 francs 75 le litre, 2 francs 75 le demi-litre
Livraison franco à domicile
Pharmacie G. GENDRON,
Boulevard Beaumarchais, 67.

Mme **PARIS**, somnambule, 1re cl., sous la direction d'un Dr; r. du Roule, 10, au 2e (halles centrales).

PROGRAMME
du
Samedi 12 septembre 1874

TUILERIES — De 5 à 6 1/2

85e DE LIGNE

CHEF : M. Mastio

1. Marche . . . . Gung'l
2. Ouverture de Martha . . . . Flotow
3. Une Chasse à courre . . . . Buot
4. Lucie de Lamermoor (solo d'alto) . Donizetti
5. La Livry (polka pour clarinette). . . Pirouelle
6. Sérénade espagnole . . . . O. Métra

A SAINT-JOSEPH

GRANDS MAGASINS DE NOUVEAUTÉS
117-119, rue Montmartre, 2, rue Joquelet
Paris.

OCCASIONS ACTUELLES
FAILLES NOIRES POUR JUPONS

Faille noire, gros grain, larg. 60 c. le mèt. .	3 90
Faille, gros grain, *noir dépouillé*, larg. 60 c le mètre	4 90
Faille noire, gros grain, *qualité extra*, larg. 60 cent. le mètre	5 75
Drap Saint-Joseph, uni, *nuances nouvelles* le mètre	» 65
Satin pure laine, très-belle qualité, le mèt.	1 35
Cheviot, tissu anglais pour costumes de voyage, le mètre	1 95
Alpaga noir, *affaires hors cours*, larg. 80 c. le mètre	1 45
Cachemire d'Ecosse noir, largeur 120 cent. le mètre	3 25
OCCASION, Cravates-Duchesse, val de 6 fr. A SAINT-JOSEPH	2 45
Cravates Lavallière, *tout soie*	» 35
Valise voyage grand modèle fermant à clef.	4 25

TROUSSEAUX POUR COLLÉGES ET PENSIONS

Envoi franco en province et à l'étranger.

CREDIT à TOUT le MONDE
à l'Omnibus du Travailleur
10, 41 et 44, rue Coquillière

UN TIERS COMPTANT

le reste par semaine, par quinzaine et par mois

Meubles, Literie. Confections pour hommes et dames Soieries. Lainages, Nouveautés et Bijouterie
100,000 CLIENTS INSCRITS

Mobilier complet — Acajou
Composé de 18 objets, pour 280 fr.

CONCERT DE LA SCALA
13, BOULEVARD DE STRASBOURG, 13

THEATRE A CIEL OUVERT

Tous les soirs à 7 h. 1/2 concert, spectacle
DIMANCHES ET FÊTES, CONCERT DE JOUR DE 2 A 5 HEURES
Prix d'entrée : 50 c. et 1 fr. places réservées.

CHAUSSURES COUSUES POUR HOMMES

Au 1er GIRARD Au 1er

17, rue Neuve-des-Petits-Champs, 17

PAS en boutique

Maison du Chapelier et du marchand de Statuettes, en face la Bibliothèque.
SEULE MAISON VRAIMENT SPÉCIALE

de demi-bottes vernies	18 fr.
Demi-bottes veau	18
Demi-bottes chèvre	17
Bottines élastiques veau et vernies depuis	17

Cette demi-botte a l'avantage sur la bottine de ne pas emprisonner le bas de la jambe, et d'y provoquer des varices superficielles. De mieux aller au pantalon, d'être une conservation de tiges que n'ont pas celles à élastiques lesquelles ont besoin souvent d'être changées.

Fabrique et Magasin
de chaussures cousues
POUR DAMES

Spécialité de bottines à boutons
Tous articles supérieurs
Bottines véritable chevreau 7 boutons, seule maison qui les vend à ce prix . 18 fr.
Bottines étoffe 1re qualité id 9
Bottines chèvre id . . . .
Bottines veau fin id . . . . . .

LA MAISON FAIT AUSSI SUR m

L'Administration des **CONCERTS MILITAIRES** fait savoir public qu'à partir du 1er septembre, ses bureaux sont tran rue Saint-Joseph, 20. (*Maison de l'Imprimerie*).

CONCERTS
Du Jardin

1re Année. — N° 53
TIRAGE QUOTIDIEN
2,000 Exemplaires

MILITAIRES
des Tuileries

BUREAUX
et
ADMINISTRATION
20, Rue Saint-Joseph, 20,

Bourse des Locations immobilières
GALERIE VIVIENNE, 55, 57, 59
RENSEIGNEMENTS GRATUITS

Pour la location d'appartements meublés ou non meublés. Villas, campagnes, etc., etc.

VIENT DE PARAITRE
2e édition
COMMENT ON PEUT SE MARIER
Par THIMOTHÉE TRIMM (Léo Lespès)
75 cent. — Librairie Bouquillert, 68, rue de Rivoli.

AUX GALERIES TURBIGO
16, rue de Turbigo et rue aux Ours, 38
(près les Halles centrales)

MAISON SPÉCIALE DE BLANC, LINGERIE, BONNETERIE

Pour cause de Cessation de Commerce

LIQUIDATION GÉNÉRALE
De toutes les Marchandises, vendues avec un
Rabais Considérable

Toiles, Calicots, Toiles de coton, Rideaux brodés, Mousseline, Couvertures, Linge de table et Confectionné Chemises pour hommes et pour femmes, Lingerié en tous genres, Bonnetterie de Laine et de Coton, *A DES PRIX EXTRAORDINAIRES.*

OUVERTURE DE LA VENTE :
LUNDI 14 SEPTEMBRE ET JOURS SUIVANTS, A 9 H.

AU PASSAGE DELORME
LITERIE ET MEUBLES
MAISON DE CONFIANCE FONDÉE EN 1789
262, RUE SAINT-HONORÉ, EN FACE LE PASSAGE
J. LITZELMANN
Envoi franco dans toute la France.
Gros et Détail.

VIN DE QUINQUINA TITRÉ
Au bordeaux 2 francs 75 le litre, 1 franc 75 le demi-litre
Au Maluga 4 francs 75 le litre, 2 francs 75 le demi-litre
Livraison franco à domicile
Pharmacie G. GENDRON,
Boulevard Beaumarchais, 67.

Mme **PARIS**, somnambule, 1re cl., sous la direction d'un Dr; r. du Roule, 10, au 2e (halles centrales).

PROGRAMME
du
Dimanche 13 septembre 1874

TUILERIES — **De 5 à 6 1/2**

70e DE LIGNE

CHEF : M. EYBERT

1. Allegro militaire . . . . FOSNEAU
2. Stradella (ouverture). . . . . . . FLOTOW
3. Si j'étais Roi (fantaisie) . . . . . ADAM
4. Attila (air pour basse) . . . . . VERDI
5. Le Voyage en Chine . . . . . . BAZIN
6. La Nuit (valse) . . . . MÉTRA

A SAINT-JOSEPH
GRANDS MAGASINS DE NOUVEAUTÉS
117-119, rue Montmartre, 2, rue Joquelet
Paris.
OCCASIONS ACTUELLES
FAILLES NOIRES POUR JUPONS

Faille noire, gros grain, larg. 60 c. le mèt.. 3 00
Faille, gros grain, *noir dépouillé*, larg. 60 c le mètre 4 90
Faille noire, gros grain, *qualité extra*, larg. 60 cent. le mètre 5 75
Drap Saint-Joseph, uni, *nuances nouvelles* le mètre . . . . » 65
Satin pure laine, très-belle qualité, le mèt.. 1 35
Cheviot, tissu anglais pour costumes de voyage, le mètre 1 95
Alpaga noir, *affaires hors cours*, larg. 80 c. le mètre 1 45
Cachemire d'Ecosse noir, largeur 120 cent. le mètre 3 25
OCCASION. Cravates-Duchesse, val. de 6 fr. A SAINT-JOSEPH 2 45
Cravates Lavallière, *tout soie*... . . . . » 35
Valise voyage grand modèle fermant à clef. 4 25

TROUSSEAUX POUR COLLÉGES ET PENSIONS
Envoi franco en province et à l'étranger.

CREDIT à TOUT le MONDE
à l'Omnibus du Travailleur
10, 41 et 44, rue Coquillière
UN TIERS COMPTANT
le reste par semaine, par quinzaine et par mois

Meubles, Literie, Confections pour hommes et dames
Soieries, Lainages, Nouveautés et Bijouterie
100,000 CLIENTS INSCRITS

Mobilier complet — Acajou
Composé de 18 objets, pour 280 fr.

---

6 Médailles
MARGUERITTE frères
ARBORICULTEURS DESSINATEURS
DE PARCS ET JARDINS
Rue Debrousses, 3, à Paris (Pont de l'Alma).

CHAUSSURES COUSUES POUR HOMMES
Au 1er GIRARD Au 1er
17, rue Neuve-des-Petits-Champs, 17
PAS en boutique
Maison du Chapelier et du marchand de Statuettes, en face la Bibliothèque.
SEULE MAISON VRAIMENT SPÉCIALE
de demi-bottes vernies . . . . 18 fr.
Demi-bottes veau 18
Demi-bottes chèvre 17
Bottines élastiques veau et vernies depuis. 17

Cette demi-botte a l'avantage sur la bottine de ne pas emprisonner le bas de la jambe, et d'y provoquer des varices superficielles. De mieux aller au pantalon, d'être une conservation de tiges que n'ont pas celles à élastiques lesquelles ont besoin souvent d'être changées,

Fabrique et Magasin
de chaussures cousues
POUR DAMES

Spécialité de bottines à boutons
Tous articles supérieurs
Bottines véritable chevreau 7 boutons, seule maison qui les vend à ce prix . 18 fr.
Bottines étoffe 1re qualité id. 16
Bottines chèvre id. 18
Bottines veau fin id. 18

LA MAISON FAIT AUSSI SUR MESURE

PROPRIÉTAIRES : MM. ROCHETTE et Ce   Imprimerie PAUL LIBÉRAL et Cie, 20, rue St-Joseph

L'Administration des **CONCERTS MILITAIRES** fait savoir au public qu'à partir du 1er septembre, ses bureaux sont transférés rue Saint-Joseph, 20. *(Maison de l'Imprimerie).*

CONCERTS
Du Jardin

1re Année. — N° 54
TIRAGE QUOTIDIEN
2,000 Exemplaires

MILITAIRES
des Tuileries

BUREAUX
et
ADMINISTRATION
20, Rue Saint-Joseph, 20,

Bourse des Locations immobilières
GALERIE VIVIENNE, 55, 57, 59

MM. les propriétaires sont invités à faire connaître les locations vaccantes dans leurs immeubles.
Ces Renseignements sont fournis gratuitement aux personnes qui les demandent.

VIENT DE PARAITRE
8e édition
COMMENT ON PEUT SE MARIER
Par THIMOTHÉE TRIMM (Léo Lespès)
75 cent. — Librairie Bouquillet, 68, rue de Rivoli.

AUX GALERIES TURBIGO
16, rue de Turbigo et rue aux Ours, 38
(près les Halles centrales)

MAISON SPÉCIALE DE BLANC, LINGERIE, BONNETERIE

Pour cause de Cessation de Commerce

LIQUIDATION GÉNÉRALE
De toutes les Marchandises, vendues avec un

Rabais Considérable

Toiles, Calicots, Toiles de coton, Rideaux brodés, Mousseline, Couvertures, Linge de table et Confectionné Chemises pour hommes et pour femmes, Lingerié en tous genres, Bonnetterie de Laine et de Coton, *A DES PRIX EXTRAORDINAIRES.*

OUVERTURE DE LA VENTE :
LUNDI 14 SEPTEMBRE ET JOURS SUIVANTS, A 9 H.

AU PASSAGE DELORME
LITERIE ET MEUBLES
MAISON DE CONFIANCE FONDÉE EN 1789
262, RUE SAINT-HONORÉ, EN FACE LE PASSAGE
J. LITZELMANN
Envoi franco dans toute la France.
Gros et Détail.

VIN DE QUINQUINA TITRÉ
Au bordeaux 2 francs 75 le litre, 1 francs 75 la demi-litre
Au Malaga 4 francs 75 le litre, 2 francs 75 la demi-litre
Livraison franco à domicile
Pharmacie G. GENDRON,
Boulevard Beaumarchais, 67.

Mme PARIS, somnambule, 1re cl., sous la direction d'un Dr; r. du Roule, 10, au 2e (halles centrales).

PROGRAMME
du
Mardi 15 septembre 1874

TUILERIES — De 5 à 6

GARDE RÉPUBLICAINE
CHEF : M. Sellenick

1. Somnambula . . . . BELLINI
2. Solo de cornet à piston . . . . . X . .
3. Les Fiancés de la Mort (sur les motifs de Schubert . . . . KREMPEL
4. Les deux Foscari . . . . VERDI
5. Le Zizi (polka pour petite flûte . SELLENICK

SOLISTES

MM. Maury sous-chef, Triébert, Lecerf, Letailleur, Prevet, Beckman, Graffeuille, Parès, Joseph, Clayette, Elie, Schlottman.

A SAINT-JOSEPH
GRANDS MAGASINS DE NOUVEAUTÉS
117-119, rue Montmartre, 2, rue Joquelet
Paris.

OCCASIONS ACTUELLES
FAILLES NOIRES POUR JUPONS

Faille noire, gros grain, larg. 60 c. le mèt.. **3 90**
Faille, gros grain, *noir dépouillé*, larg. 60 c le mètre **4 90**
Faille noire, gros grain, *qualité extra*, larg. 60 cent. le mètre **5 75**
Drap Saint-Joseph, uni, *nuances nouvelles* le mètre . . . . **» 65**
Satin pure laine, très-belle qualité, le mèt. **1 35**
Cheviot, tissu anglais pour costumes de voyage, le mètre **1 95**
Alpaga noir, *affaires hors cours*, larg. 80 c. le mètre **1 45**
Cachemire d'Ecosse noir, largeur 120 cent. le mètre **3 95**
OCCASION. Cravates-Duchesse, val de 6 fr.
A SAINT-JOSEPH **2 45**
Cravates Lavallière, *tout soie*... . . . . . **» 25**
Valise voyage grand modèle fermant à clef. **4 25**

TROUSSEAUX POUR COLLÉGES ET PENSIONS
Envoi franco en province et à l'étranger.

CREDIT à TOUT le MONDE
à l'Omnibus du Travailleur
10, 41 et 44, rue Coquillière

UN TIERS COMPTANT
le reste par semaine, par quinzaine et par mois

Meubles, Literie. Confections pour hommes et dames
Soieries. Lainages, Nouveautés et Bijouterie
100,000 CLIENTS INSCRITS

Mobilier complet — Acajou
Composé de 18 objets, pour 290 fr.

---

6 Médailles
MARGUERITTE frères
ARBORICULTEURS DESSINATEURS
DE PARCS ET JARDINS
Rue Debrousses, 3, à Paris (Pont de l'Alma).

CHAUSSURES COUSUES POUR HOMMES

Au 1er GIRARD Au 1er
17, rue Neuve-des-Petits-Champs, 17
PAS en boutique
Maison du Chapelier et du marchand de Statuettes, en face la Bibliothèque.
SEULE MAISON VRAIMENT SPÉCIALE

de demi-bottes vernies . . . . **18 fr.**
Demi-bottes veau **19**
Demi-bottes chèvre **17**
Bottines élastiques veau et vernies depuis. **17**

Cette demi-botte a l'avantage sur la bottine de ne pas emprisonner le bas de la jambe, et d'y provoquer des varices superficielles. De mieux aller au pantalon, d'être une conservation de tiges que n'ont pas celles à élastiques lesquelles ont besoin souvent d'être changées.

Fabrique et Magasin
de chaussures cousues
POUR DAMES

Spécialité de bottines à boutons
Tous articles supérieurs
Bottines véritable chevreau 7 boutons, seule maison qui les vende à ce prix. **18 fr.**
Bottines étoffe 1re qualité id. **16**
Bottines chèvre id. **15**
Bottines veau fin id. **15**

LA MAISON FAIT AUSSI SUR MESURE

L'Administration des **CONCERTS MILITAIRES** fait savoir au public qu'à partir du 1er septembre, ses bureaux sont transférés rue Saint-Joseph, 20. (*Maison de l'Imprimerie*).

CONCERTS
Du Jardin

1re Année. — N° 55
TIRAGE QUOTIDIEN
2,000 Exemplaires

MILITAIRES
des Tuileries

BUREAUX
et
ADMINISTRATION
20, Rue Saint-Joseph, 20,

Bourse des Locations immobilières

GALERIE VIVIENNE, 55, 57, 59

MM. les propriétaires sont invités à faire connaître les locations vaccantes dans leurs immeubles.

Ces Renseignements sont fournis gratuitement aux personnes qui les demandent.

VIENT DE PARAITRE

2e édition

COMMENT ON PEUT SE MARIER

Par THIMOTHÉE TRIMM (Léo Lespès)

75 cent. — Librairie Bouquillert, 68, rue de Rivoli.

Mme **PARIS**, somnambule, 1re cl., sous la direction d'un Dr; r. du Roule, 10, au 2e (halles centrales).

AUX GALERIES TURBIGO

16, rue de Turbigo et rue aux Ours, 38
(près les Halles centrales)

MAISON SPÉCIALE DE BLANC, LINGERIE, BONNETERIE

Pour cause de Cessation de Commerce

LIQUIDATION GÉNÉRALE

De toutes les Marchandises, vendues avec un

Rabais Considérable

AUX GALERIES TURBIGO

Mousseline brodée pour petits et grands rideaux, le mètre	» 33
Mousseline rayée satinée, larg 1 m. 40. 95 c.	» 75
Éouchoirs vignettes haute nouveauté, la douz.	2 40
Calicos et coton écru, très-bonne qualité pour chemise	» 55
Toile crèmée pour grands draps	» 95
Bas écosse blancs et écrus sans coutures	» 25
Bas de Paris, chaque paire, (marqué Paris)	1 65
Chaussettes, 5 fils diminuées, cambrées et renforcées	» 60
Bas laine mérinos pour enfants	» 80
Gilets de chasse, au lieu de 10 et 11 fr.	5 70
Chemises, cols, poignets et devants percale fine	2 35

AUX GALERIES TURBIGO

Pantalon percale (forme zouave) avec guipure	1 35
Pantalon et camisole percale, 50 plis à la main	2 60
Chemises percales garnies festonnés	2 45
Caracos velours de laine	1 95
Cols, haute nouveauté	» 10

16, rue de Turbigo, et rue aux Ours, 38

La vente ouvrira a 9 heures.

PROGRAMME

du

Mercredi 16 septembre 1874

TUILERIES — De 5 à 6

64e DE LIGNE

CHEF : M. Ch. Jacoutot

1. Marche Triomphale . . . . . . Mlle MENDEZ
2. Martha (fantaisie) . . . . . . FLOTOW
3. La Coupe du Roi de Thulé (fant.) DIAZ
4. Les Alsaciennes (mazurka) . . . O. MÉTRA
5. La Juive (mosaïque) . . . . . . HALÉVY
6. Les Bébés (polka) . . . . V. BUOT

A SAINT-JOSEPH

GRANDS MAGASINS DE NOUVEAUTÉS
117-119, rue Montmartre, 2, rue Joquelet
Paris.

OCCASIONS ACTUELLES
FAILLES NOIRES POUR JUPONS

Faille noire, gros grain, larg. 60 c. le mèt..	3 90
Faille, gros grain, *noir dépouillé*, larg. 60 c. le mètre	4 90
Faille noire, gros grain, *qualité extra*, larg. 60 cent. le mètre	5 75
Drap Saint-Joseph, uni, *nuances nouvelles* le mètre	» 65
Satin pure laine, très-belle qualité, le mèt.	1 35
Cheviot, tissu anglais pour costumes de voyage, le mètre	1 95
Alpaga noir, *affaires hors cours*, larg. 80 c. le mètre	1 45
Cachemire d'Ecosse noir, largeur 120 cent. le mètre	2 25
OCCASION. Cravates-Duchesse, val. de 6 fr. A SAINT-JOSEPH	2 45
Cravates Lavallière, *tout soie*	» 25
Valise voyage grand modèle fermant à clef.	4 25

TROUSSEAUX POUR COLLÉGES ET PENSIONS

Envoi franco en province et à l'étranger.

CREDIT à TOUT le MONDE
à l'Omnibus du Travailleur

10, 41 et 44, rue Coquillière

UN TIERS COMPTANT

le reste par semaine, par quinzaine et par mois

Meubles, Literie, Confections pour hommes et dames
Soieries, Lainages, Nouveautés et Bijouterie
100,000 CLIENTS INSCRITS

Mobilier complet — Acajou
Composé de 18 objets, pour 380 fr.

---

8 Médailles

MARGUERITTE frères

ARBORICULTEURS DESSINATEURS

DE PARCS ET JARDINS

Rue Debrousses, 3, à Paris (Pont de l'Alma).

CHAUSSURES COUSUES POUR HOMMES

Au 1er GIRARD Au 1er

17, rue Neuve-des-Petits-Champs, 17

PAS en boutique

Maison du Chapelier et du marchand de Statuettes, en face la Bibliothèque.

SEULE MAISON VRAIMENT SPÉCIALE

de demi-bottes vernies	18 fr.
Demi-bottes veau	18
Demi-bottes chèvre	17
Bottines élastiques veau et vernies depuis	17

Cette demi-botte a l'avantage sur la bottine de ne pas emprisonner le bas de la jambe, et d'y provoquer des varices superficielles. De mieux aller au pantalon, d'être une conservation de tiges que n'ont pas celles à élastiques lesquelles ont besoin souvent d'être changées.

Fabrique et Magasin
de chaussures cousues
POUR DAMES

Spécialité de bottines à boutons
Tous articles supérieurs

Bottines véritable chevreau 7 boutons, seule maison qui les vend à ce prix	18 fr.
Bottines étoffe 1re qualité id.	16
Bottines chèvre id.	18
Bottines veau fin id.	18

LA MAISON FAIT AUSSI SUR MESURE

PROPRIÉTAIRES : MM. ROCHETTE et Cie   Imprimerie PAUL LIBÉRAL et Cie, 20, rue St-Joseph

L'Administration des **CONCERTS MILITAIRES** fait savoir au public qu'à partir du 1er septembre, ses bureaux sont transférés rue Saint-Joseph, 20. (*Maison de l'Imprimerie*).

CONCERTS Du Jardin

1re Année. — N° 56
TIRAGE QUOTIDIEN
2,000 Exemplaires

MILITAIRES des Tuileries

BUREAUX
et
ADMINISTRATION
20, Rue Saint-Joseph, 20.

Bourse des Locations immobilières
GALERIE VIVIENNE, 55, 57, 59

MM. les propriétaires sont invités à faire connaître les locations vaccantes dans leurs immeubles.
Ces Renseignements sont fournis gratuitement aux personnes qui les demandent.

VIENT DE PARAÎTRE
2e édition
COMMENT ON PEUT SE MARIER
Par THIMOTHÉE TRIMM (Léo Lespès)
75 cent. — Librairie Bouquillert, 68, rue de Rivoli.

Mme PARIS, somnambule, 1re cl., sous la direction d'un Dr; r. du Roule, 10, au 2e (halles centrales).

AUX GALERIES TURBIGO
16, rue de Turbigo et rue aux Ours, 38
(près les Halles centrales)

MAISON SPÉCIALE DE BLANC, LINGERIE, BONNETERIE

Pour cause de Cessation de Commerce

LIQUIDATION GÉNÉRALE
De toutes les Marchandises, vendues avec un

Rabais Considérable

AUX GALERIES TURBIGO

Mousseline brodée pour petits et grands rideaux, le mètre	» 33
Mousseline rayée satinée, larg 1 m. 40, à 95 c. et	75
Mouchoirs vignettes haute nouveauté, la douz.	2 40
Calicots et coton écru, très-bonne qualité pour chemises	» 55
Toile crêmée pour grands draps	» 95
Bas écosse blancs et écrus sans coutures	» 25
Bas de Paris, chaque paire, (marquée Paris)	1 65
Chaussettes, 5 fils diminuées, cambrées et renforcées	» 60
Bas laine mérinos pour enfants	» 80
Gilets de chasse, au lieu de 10 et 11 fr.	5 70
Chemises, cols, poignets et devants percale fine	2 85

AUX GALERIES TURBIGO

Pantalons percale (forme zouave) avec guipure	1 85
Pantalons et camisoles percale, 50 plis à la main	2 60
Chemises percale garnie et festonnées	2 45
Caracos velours de laine	1 95
Cols, haute nouveauté	» 10

16, rue de Turbigo, et rue aux Ours, 38

La vente ouvrira à 9 heures.

PROGRAMME
du
Jeudi 17 septembre 1874

TUILERIES — De 5 à 6

48e DE LIGNE

CHEF : M. Pochet

1. Moïse . . . . ROSSINI
2. Polka du Hameau . . . . X...
3. L'Africaine . . . . MEYERBEER
4. Zampa . . . . HÉROLD
5. Le Beau Danube . . . . STRAUSS

A SAINT-JOSEPH

GRANDS MAGASINS DE NOUVEAUTÉS
117-119, rue Montmartre, 2, rue Joquelet
Paris.

OCCASIONS ACTUELLES
FAILLES NOIRES POUR JUPONS

Faille noire, gros grain, larg. 60 c. le mèt..	3 90
Faille, gros grain, *noir dépouillé*, larg. 60 c le mètre	4 90
Faille noire, gros grain, *qualité extra*, larg. 60 cent. le mètre	5 75
Drap Saint-Joseph, uni, *nuances nouvelles* le mètre	» 65
Satin pure laine, très-belle qualité, le mèt.	1 35
Cheviot, tissu anglais pour costumes de voyage, le mètre	1 95
Alpaga noir, *affaires hors cours*, larg. 80 c. le mètre	1 45
Cachemire d'Ecosse noir, largeur 120 cent. le mètre	2 25
OCCASION. Cravates-Duchesse, val. de 6 fr. A SAINT-JOSEPH	2 45
Cravates Lavallière, *tout soie*	» 25
Valise voyage grand modèle fermant à clef.	4 25

TROUSSEAUX POUR COLLÉGES ET PENSIONS

Envoi franco en province et à l'étranger.

CREDIT à TOUT le MONDE
à l'Omnibus du Travailleur
10, 41 et 44, rue Coquillière

UN TIERS COMPTANT
le reste par semaine, par quinzaine et par mois

Meubles, Literie. Confections pour hommes et dames
Soieries. Lainages, Nouveautés et Bijouterie
100,000 CLIENTS INSCRITS

Mobilier complet — Acajou
Composé de 18 objets, pour 280 fr.

---

6 Médailles
MARGUERITTE frères
ARBORICULTEURS DESSINATEURS
DE PARCS ET JARDINS
Rue Debrousses, 3, à Paris (Pont de l'Alma).

CHAUSSURES COUSUES POUR HOMMES
Au 1er GIRARD Au 1er
17, rue Neuve-des-Petits-Champs, 17

PAS en boutique
Maison du Chapelier et du marchand de Statuettes, en face la Bibliothèque.

SEULE MAISON VRAIMENT SPÉCIALE

de demi-bottes vernies	18 fr.
Demi-bottes veau	19
Demi-bottes chèvre	17
Bottines élastiques veau et vernies depuis	17

Cette demi-botte a l'avantage sur la bottine de ne pas emprisonner le bas de la jambe, et d'y provoquer des varices superficielles. De mieux aller au pantalon, d'être une conservation de tiges que n'ont pas celles à élastiques lesquelles ont besoin souvent d'être changées.

Fabrique et Magasin
de chaussures cousues
POUR DAMES

Spécialité de bottines à boutons
Tous articles supérieurs

Bottines véritable chevreau 7 boutons, seule maison qui les vende à ce prix	18 fr.
Bottines étoffe 1re qualité id.	16
Bottines chèvre id.	18
Bottines veau fin id.	18

LA MAISON FAIT AUSSI SUR MESURE

VIN DE QUINQUINA TITRÉ
Au bordeaux 2 francs 75 le litre, 1 franc 75 le demi-litre — Au Malaga 4 francs 75 le litre, 2 francs 75 le demi-litre
Livraison franco à domicile
Pharmacie G. GENDRON
67, Boulevard Beaumarchais, 67.

CONCERTS du Jardin du

MILITAIRES
Palais-Royal

1re Année.—N° 57
TIRAGE QUOTIDIEN
2,000 Exemplaires

BUREAUX
et
ADMINISTRATION
20, Rue Saint-Joseph, 20.

Bourse des Locations immobilières
GALERIE VIVIENNE, 55, 57, 59.

MM. les propriétaires sont invités à faire connaître les locations vacantes dans leurs immeubles.

Ces Renseignements sont fournis gratuitement aux personnes qui les demandent.

VIENT DE PARAÎTRE
2e édition

COMMENT ON PEUT SE MARIER
Par TIMOTHÉE TRIMM (Léo Lespès)
75 cent. — Librairie Bouguillet, 68, rue de Rivoli.

Mme **PARIS**, somnambule, 1re cl., sous la direction d'un Dr; r. du Roule, 10, au 2e (halles centrales).

AUX GALERIES TURBIGO

16, rue de Turbigo, et rue aux Ours, 38
(près les Halles centrales)

MAISON SPÉCIALE DE BLANC, LINGERIE, BONNETERIE

Pour cause de cessation de Commerce

LIQUIDATION GÉNÉRALE

De toutes les Marchandises vendues avec un

Rabais Considérable

AUX GALERIES TURBIGO

Mousseline brodée pour petits et grands rideaux, le mètre	» 33
Mousseline rayée satinée, larg 1 m. 50, à 95 c. et	» 75
Mouchoirs viguettes haute nouveauté, la douz.	2 40
Calicots et coton écru très-bonne qualité pour chemises	» 55
Toile crêmée pour grands draps	» 95
Bas écosse blancs et écrus sans coutures	» 25
Bas de Paris chaque paire (marquée Paris)	1 65
Chaussettes, 5 fils, diminuées, cambrées et renforcées	» 80
Bas laine mérinos pour enfants	» 50
Gilets de chasse, au lieu de 10 et 11 fr.	5 70
Chemises, cols, poignets et devant percale fine	2 35

AUX GALERIES TURBIGO

Pantalons percale (forme zouave) avec guipure	1 35
Pantalons et camisoles percale, 30 plis à la main	2 60
Chemises percale garnies et festonnées	2 45
Caracos velours de laine	1 95
Cols, haute nouveauté	» 10

16, rue Turbigo et rue aux Ours, 38

La vente ouvrira à 9 heures

PROGRAMME
du
Samdi 19 septembre 1874

PALAIS-ROYAL — de **5 à 6**

GARDE RÉPUBLICAINE

CHEF : M. Sellenick

1. Marche en Palestine . . . . . P. RAMOND
2. Robin des Bois . . . . C. DE WEBERT
3. Le Trovatore . . . . VERDI
4. Solo de cornet à piston . . . . SELLENICK
5. Somnambule . . . . BELLINI

SOLISTES

MM. Maury sous-chef, Triébert, Lecerf, Letailleur, Prevet, Beckman, Graffeuille, Parès, Joseph, Clayette, Elie, Schlottman.

A SAINT JOSEPH

GRANDS MAGASINS DE NOUVEAUTÉS

117-119, rue Montmartre, 2, rue Joquelet
Paris

MISE EN VENTE
DE
TROUSSEAUX POUR PENSIONS

Envoi franco d'échantillons

DANS LES DÉPARTEMENTS

Et à l'étranger

Le Catalogue pour la **saison d'hiver 1874-1875** vient de paraître.

CRÉDIT à **TOUT** le **MONDE**
à l'Omnibus du Travailleur
10, 41 et 44, rue Coquillière

UN TIERS COMPTANT
le reste par semaine, par quinzaine et par mois

Meubles, Literie, Confections pour hommes et dames
Soieries, Lainages, Nouveautés et Bijouterie
100,000 CLIENTS INSCRITS

Mobilier complet — Acajou
Composé de 19 objets, pour 290 fr.

---

8 Médailles
MARGUERITTE frères
ARBORICULTEURS DESSINATEURS
DE PARCS ET DE JARDINS
Rue Debrousses, 3, à Paris (Pont de l'Alma).

CHAUSSURES COUSUES POUR HOMMES

Au 1er **GIRARD** Au 1er

17, rue Neuve-des-Petits-Champs, 17
PAS en boutique
Maison du Chapelier et du marchand de Statuettes, en face la Bibliothèque.
SEULE MAISON VRAIMENT SPÉCIALE

de Demi-bottes vernies	19 fr.
Demi-bottes veau	18
Demi-bottes chèvre	17
Bottines élastiques veau et vernies depuis	17

Cette demi-botte a l'avantage sur la bottine de ne pas emprisonner le bas de la jambe, et d'y provoquer des varices superficielles. De mieux aller au pantalon, d'être une conservation de tiges que n'ont pas colles à élastiques, lesquelles ont souvent besoin d'être changées.

Fabrique et Magasin
de chaussures cousues
POUR DAMES

Spécialité de bottines à boutons
Tous articles supérieurs

Bottines véritable chevreau 7 boutons, seule maison qui les vende à ce prix	18 fr.
Bottines étoffe 1re qualité id.	16
Bottines chèvre id.	18
Bottines veau fin id.	18

LA MAISON FAIT AUSSI SUR MESURE

PROPRIÉTAIRES : MM. ROCHETTE et Ce   Imprimerie PAUL LIBÉRAL et Ce, 20, rue St-Joseph.

VIN DE QUINQUINA TITRÉ
Au bordeaux 2 francs 75 le litre, 1 franc 75 le demi-litre — Au Malaga 4 francs 75 le litre, 2 francs 75 le demi-litre
Livraison franco à domicile
Pharmacie G. GENDRON
67, Boulevard Beaumarchais, 67.

CONCERTS
Du Jardin

1re Année. — No 58
TIRAGE QUOTIDIEN
2,000 Exemplaires

MILITAIRES
des Tuileries

BUREAUX
et
ADMINISTRATION
20, Rue Saint-Joseph, 20,

Bourse des Locations immobilières
GALERIE VIVIENNE, 55, 57, 59

MM. les propriétaires sont invités à faire connaître les locations vacantes dans leurs immeubles.
Ces Renseignements sont fournis gratuitement aux personnes qui les demandent.

VIENT DE PARAÎTRE

2e édition

COMMENT ON PEUT SE MARIER
Par THIMOTHÉE TRIMM (Léo Lespès)
75 cent. — Librairie Bouquillot, 68, rue de Rivoli.

Mme **PARIS**, somnambule, 1re cl., sous la direction d'un Dr; r. du Roule, 10, au 2e (halles centrales).

AUX GALERIES TURBIGO
16, rue de Turbigo et rue aux Ours, 38
(près les Halles centrales)

MAISON SPÉCIALE DE BLANC, LINGERIE, BONNETERIE

Pour cause de Cessation de Commerce

LIQUIDATION GÉNÉRALE
De toutes les Marchandises, vendues avec un

Rabais Considérable

AUX GALERIES TURBIGO

Mousseline brodée pour petits et grands rideaux, le mètre	»	38
Mousseline rayée satinée, larg 1 m. 40. à 95 c. et		75
Mouchoirs vignettes haute nouveauté, la douz.	2	40
Calicots et coton écru, très-bonne qualité pour chemises	»	55
Toile crêmée pour grands draps	»	95
Bas écosse blancs et écrus sans coutures	»	25
Bas de Paris, chaque paire, (marquée Paris)	1	65
Chaussettes, 5 fils diminuées, cambrées et renforcées	»	60
Bas laine mérinos pour enfants	»	80
Gilets de chasse, au lieu de 10 et 11 fr.	5	70
Chemises, cols, poignets et devants percale fine	2	85

AUX GALERIES TURBIGO

Pantalons percale (forme zouave) avec guipure	1	35
Pantalons et camisoles percale, 50 plis à la main	2	60
Chemises percale garnie et festonnées	2	45
Caracos velours de laine	1	95
Cols, haute nouveauté	»	10

16, rue de Turbigo, et rue aux Ours, 38

La vente ouvrira à 9 heures.

PROGRAMME
du
Dimanche 20 septembre 1874

TUILERIES — De 5 à 6

64e DE LIGNE

CHEF : M. Ch. Jacoutot

1. Allegro militaire . . . . X. . .
2. Fra Diavolo (fantaisie) . . . . . Auber
3. Le Cocoyer (danse havanaise) . . . Borel
4. La Juive (mosaïque) . . . . . . Halévy
5. La Polka des Masques . . . . . Musard

A SAINT-JOSEPH

GRANDS MAGASINS DE NOUVEAUTÉS

117-119, rue Montmartre, 2, rue Joquelet

Paris.

MISE EN VENTE
DE

TROUSSEAUX POUR PENSIONS

Envoi franco d'échantillons

DANS LES DÉPARTEMENTS

Et à l'étranger

Le Catalogue pour la saison d'hiver 1874-1875

vient de paraître.

CRÉDIT à TOUT le MONDE
à l'Omnibus du Travailleur
10, 41 et 44, rue Coquillière

UN TIERS COMPTANT
le reste par semaine, par quinzaine et par mois

Meubles, Literie. Confections pour hommes et dames
Soieries. Lainages, Nouveautés et Bijouterie
100,000 CLIENTS INSCRITS

Mobilier complet — Acajou
Composé de 18 objets, pour 280 fr.

---

6 Médailles

MARGUERITTE frères
ARBORICULTEURS DESSINATEURS
DE PARCS ET JARDINS
Rue Debrousses, 3, à Paris (Pont de l'Alma).

CHAUSSURES COUSUES POUR HOMMES

Au 1er GIRARD Au 1er
17, rue Neuve-des-Petits-Champs, 17
PAS en boutique
Maison du Chapelier et du marchand de Statuettes, en face la Bibliothèque.

SEULE MAISON VRAIMENT SPÉCIALE

de demi-bottes vernies	18 fr.
Demi-bottes veau	16
Demi-bottes chèvre	17
Bottines élastiques veau et vernies depuis	17

Cette demi-botte a l'avantage sur la bottine de ne pas emprisonner le bas de la jambe, et d'y provoquer des varices superficielles. De mieux aller au pantalon, d'être une conservation de tiges que n'ont pas celles à élastiques lesquelles ont besoin souvent d'être changées.

Fabrique et Magasin
de chaussures cousues
POUR DAMES

Spécialité de bottines à boutons
Tous articles supérieurs

Bottines véritable chevreau 7 boutons, seule maison qui les vende à ce prix	18 fr.
Bottines étoffe 1re qualité id.	16
Bottines chèvre id.	18
Bottines veau fin id.	18

LA MAISON FAIT AUSSI SUR MESURE

PROPRIÉTAIRES : MM. ROCHETTE et Cie   Imprimerie Paul Libéral et Cie, 20, rue St-Joseph

VIN DE QUINQUINA TITRÉ
Au bordeaux 2 francs 75 le litre, 1 franc 75 le demi-litre — Au Malaga 4 francs 75 le litre, 2 francs 75 le demi-litre
Livraison franco à domicile
Pharmacie G. GENDRON
67, Boulevard Beaumarchais, 67.

CONCERTS
du Jardin du

MILITAIRES
Palais-Royal

1re Année. — No 59
TIRAGE QUOTIDIEN
2,000 Exemplaires

BUREAUX
et
ADMINISTRATION
20, Rue Saint-Joseph, 20,

Bourse des Locations immobilières
GALERIE VIVIENNE, 55, 57, 59

RENSEIGNEMENTS GRATUITS
Pour la location d'appartements meublés ou non meublés. Villas, campagnes, etc., etc.

VIENT DE PARAITRE

2e édition

COMMENT ON PEUT SE MARIER
Par THIMOTHÉE TRIMM (Léo Lespès)

75 cent. — Librairie Bonquillet, 68, rue de Rivoli.

Mme **PARIS**, somnambule, 1re cl., sous la direction d'un Dr; r. du Roule, 10, au 2e (halles centrales).

AUX GALERIES TURBIGO
16, rue de Turbigo, et rue aux Ours, 38
(près les Halles centrales)

MAISON SPÉCIALE DE BLANC, LINGERIE, BONNETERIE

Pour cause de cessation de Commerce

LIQUIDATION GÉNÉRALE
De toutes les Marchandises vendues avec un

Rabais Considérable

AUX GALERIES TURBIGO

Mousseline brodée pour petits et grands rideaux, le mètre	» 38
Mousseline rayée satinée, larg 1 m. 50, à 95 c. et	75
Mouchoirs viguettes haute nouveauté, la douz.	2 40
Calicots et coton écru très-bonne qualité pour chemises	» 55
Toile crèmée pour grands draps	» 95
Bas écosse blancs et écrus sans coutures	» 25
Bas de Paris chaque paire (marquée Paris)	1 65
Chaussettes, 5 fils, diminuées, cambrées et renforcées	» 60
Bas laine mérinos pour enfants	» 80
Gilets de chasse, au lieu de 10 et 11 fr.	5 70
Chemises, cols, poignets et devant percale fine	2 35

AUX GALERIES TURBIGO

Pantalons percale (forme zouave) avec guipure	1 35
Pantalons et camisoles percale, 50 plis à la main	2 60
Chemises percale garnies et festonnées	2 45
Caracos velours de laine	1 95
Cols, haute nouveauté	» 10

16, rue Turbigo et rue aux Ours, 38

La vente ouvrira à 9 heures

PROGRAMME
du
Mardi 22 septembre 1874

PALAIS-ROYAL -- de 5 à 6

85e DE LIGNE

CHEF : M. E. Mastio

1. Pêle-Mêle .... BENDER
2. Grande fantaisie sur Robert-le-Diable ....à.......... MEYERBEER
3. Robin des Bois (fantaisie)....·... DE WEBER
4. Le Tour du Monde (valse).. . . . O. MÉTRA

A SAINT JOSEPH

GRANDS MAGASINS DE NOUVEAUTÉS

117-119, rue Montmartre, 2, rue Joquelet
Paris

MISE EN VENTE
DE
TROUSSEAUX POUR PENSIONS

Envoi franco d'échantillons

DANS LES DÉPARTEMENTS

Et à l'étranger

Le Catalogue pour la saison d'hiver 1874-1875 vient de paraître.

CRÉDIT à TOUT le MONDE
à l'Omnibus du Travailleur
10, 41 et 44, rue Coquillière

UN TIERS COMPTANT
le reste par semaine, par quinzaine et par mois

Meubles, Literie, Confections pour hommes et dames
Soieries, Lainages, Nouveautés et Bijouterie
100,000 CLIENTS INSCRITS

Mobilier complet — Acajou
Composé de 16 objets, pour 280 fr.

---

6 Médailles
MARGUERITTE frères
ARBORICULTEURS DESSINATEURS
DE PARCS ET DE JARDINS
Rue Debrousses, 3, à Paris (Pont de l'Alma).

CHAUSSURES COUSUES POUR HOMMES
Au 1er GIRARD Au 1er
17, rue Neuve-des-Petits-Champs, 17
PAS en boutique
Maison du Chapelier et du marchand de Statuettes, en face la Bibliothèque.

SEULE MAISON VRAIMENT SPÉCIALE

de Demi-bottes vernies	18 fr.
Demi-bottes veau	18
Demi-bottes chèvre	17
Bottines élastiques veau et vernies depuis	17

Cette demi-botte a l'avantage sur la bottine de ne pas emprisonner le bas de la jambe, et d'y provoquer des varices superficielles. De mieux aller au pantalon, d'être une conservation de tiges que n'ont pas collés à élastiques, lesquelles ont souvent besoin d'être changées.

Fabrique et Magasin
de chaussures cousues
POUR DAMES
Spécialité de bottines à boutons
Tous articles supérieurs

Bottines véritable chevreau 7 boutons, seule maison qui les vende à ce prix.	18 fr.
Bottines étoffe 1re qualité id.	18
Bottines chèvre id.	18
Bottines veau fin id.	18

LA MAISON FAIT AUSSI SUR MESURE

VIN DE QUINQUINA TITRÉ
Au bordeaux 2 francs 75 le litre, 1 franc 75 le demi-litre — Au Malaga 4 francs 75 le litre, 2 francs 75 le demi-litre
Livraison franco à domicile
Pharmacie G. GENDRON
67, Boulevard Beaumarchais, 67.

CONCERTS
Du Jardin

1re Année. — No 60
TIRAGE QUOTIDIEN
2,000 Exemplaires

MILITAIRES
des Tuileries

BUREAUX
et
ADMINISTRATION
20, Rue Saint-Joseph, 20,

Bourse des Locations immobilières

GALERIE VIVIENNE, 55, 57, 59

RENSEIGNEMENTS GRATUITS

Pour la location d'appartements meublés ou non meublés. Villas, Campagnes etc., etc.

---

75 cent. — Librairie Bouquillert, 68, rue de Rivoli.

Par THIMOTHÉE TRIMM (Léo Lespès)

COMMENT ON PEUT SE MARIER

2e édition

VIENT DE PARAITRE

Mme **PARIS**, somnambule, 1re cl., sous la direction d'un Dr; r. du Roule, 10, au 2e (halles centrales).

AUX GALERIES TURBIGO

16, rue de Turbigo et rue aux Ours, 38
(près les Halles centrales)

MAISON SPÉCIALE DE BLANC, LINGERIE, BONNETERIE

Pour cause de Cessation de Commerce

LIQUIDATION GÉNÉRALE

De toutes les Marchandises, vendues avec un

Rabais Considérable

AUX GALERIES TURBIGO

Mousseline brodée pour petits et grands rideaux, le mètre	»	32
Mousseline rayée satinée, larg 1 m. 40. à	95 c. et	75
Mouchoirs vignettes haute nouveauté, la douz.	2	40
Calicots et coton écru, très-bonne qualité pour chemises	»	55
Toile crêmée pour grands draps	»	95
Bas écosse blancs et écrus sans coutures	»	25
Bas de Paris, chaque paire, (marquée Paris)	1	65
Chaussettes, 3 fils diminuées, cambrées et renforcées	»	60
Bas laine mérinos pour enfants	»	80
Gilets de chasse, au lieu de 10 et 11 fr.	5	70
Chemises, cols, poignets et devants percale fine	2	35

AUX GALERIES TURBIGO

Pantalons percale (forme zouave) avec guipure	1	35
Pantalons et camisoles percale, 50 plis à la main	2	60
Chemises percale garnies et festonnées	2	45
Caracos velours de laine	1	95
Cols, haute nouveauté	»	10

16, rue de Turbigo, et rue aux Ours, 38

La vente ouvrira à 9 heures.

PROGRAMME

du

Mercredi 23 septembre 1874

TUILERIES — De 5 à 6

70e DE LIGNE

CHEF : M. Eybert

1. Le Bienheureux (all. milit.) ..... Leroux
2. La Favorite (fantaisie) ..... Donizetti
3. Nabucco (air de basse) ..... Verdi
4. Les Dragons de Villars (mosaïque) ..... Maillard
5. Espoir (grande valse) ..... Babo de Carrères

A SAINT-JOSEPH

GRANDS MAGASINS DE NOUVEAUTÉS

117-119, rue Montmartre, 2, rue Joquelet

Paris.

MISE EN VENTE

DE

TROUSSEAUX POUR PENSIONS

Envoi franco d'échantillons

DANS LES DÉPARTEMENTS

Et à l'étranger

Le Catalogue pour la **saison d'hiver 1874-1875** vient de paraître.

CREDIT à TOUT le MONDE

à l'Omnibus du Travailleur

10, 41 et 44, rue Coquillière

UN TIERS COMPTANT

le reste par semaine, par quinzaine et par mois

Meubles, Literie. Confections pour hommes et dames. Soieries. Lainages, Nouveautés et Bijouterie
100,000 CLIENTS INSCRITS

Mobilier complet — Acajou
Composé de 18 objets, pour 280 fr.

PAIEMENT DE COUPONS

VÉRIFICATION

DES **AMORTISSEMENTS** GARANTIE

Achats et Ventes

Avances sur titres

PILLART Banquier

102, rue d'Aboukir

Caisse ouverte de 9 heures à 4 heures.

---

6 Médailles

MARGUERITTE frères

ARBORICULTEURS DESSINATEURS

DE PARCS ET JARDINS

Rue Debrousses, 3, à Paris (Pont de l'Alma).

VIN DE QUINQUINA TITRÉ

Au bordeaux 2 francs 75 le litre, 1 franc 75 le demi-litre — Au Malaga 4 francs 75 le litre, 2 francs 75 le demi-litre

Livraison franco à domicile

Pharmacie G. GENDRON

67, Boulevard Beaumarchais, 67.

CONCERTS
Du Jardin

1re Année. — N° 61
TIRAGE QUOTIDIEN
2,000 Exemplaires

MILITAIRES
des Tuileries

BUREAUX
et
ADMINISTRATION
20, Rue Saint-Joseph, 20,

Bourse des Locations immobilières
GALERIE VIVIENNE, 55, 57, 59

RENSEIGNEMENTS GRATUITS

Pour la location d'appartements meublés ou non meublés. Villas, Campagnes etc., etc.

VIENT DE PARAITRE

2e édition

COMMENT ON PEUT SE MARIER

Par THIMOTHÉE TRIMM (Léo Lespès)

75 cent. — Librairie Bouquillert, 68, rue de Rivoli.

Mme PARIS, somnambule, 1re cl., sous la direction d'un Dr; r. du Roule, 10, au 2e (halles centrales).

AUX GALERIES TURBIGO

16, rue de Turbigo et rue aux Ours, 38
(près les Halles centrales)

MAISON SPÉCIALE DE BLANC, LINGERIE, BONNETERIE

Pour cause de Cessation de Commerce

LIQUIDATION GÉNÉRALE

De toutes les Marchandises, vendues avec un

Rabais Considérable

AUX GALERIES TURBIGO

Mousseline brodée pour petits et grands rideaux, le mètre	»	33
Mousseline rayée satinée, larg 1 m. 40. à 95 c. et		75
Mouchoirs vignettes haute nouveauté, la douz.	2	40
Calicots et coton écru, très-bonne qualité pour chemises	»	55
Toile crêmée pour grands draps	»	95
Bas écosse blancs et écrus sans coutures	»	85
Bas de Paris, chaque paire, (marquée Paris)	1	65
Chaussettes, 5 fils diminuées, cambrées et renforcées	»	60
Bas laine mérinos pour enfants	»	80
Gilets de chasse, au lieu de 10 et 11 fr.	5	70
Chemises, cols, poignets et devants percale fine	2	85

AUX GALERIES TURBIGO

Pantalons percale (forme zouave) avec guipure	1	85
Pantalons et camisoles percale, 50 plis à la main	2	60
Chemises percale garnies et festonnées	2	45
Caracos velours de laine	1	95
Cols, haute nouveauté	»	10

16, rue de Turbigo, et rue aux Ours, 38

La vente ouvrira à 9 heures.

PROGRAMME
du
Jeudi 24 septembre 1874

TUILERIES — De 5 à 6

82e DE LIGNE

CHEF : M. Jacob

1. Le Bienheureux (allegro militaire) . . . LEROUX
2. Si j'étais Roi (fantaisie) . . . . . . ADAM
3. Orphée aux Enfers (fantaisie) . . . OFFENBACH
4. Ernani (fantaisie) . . . . VERDI
5. La Fille de Madame Angot (valse). LECOCQ

A SAINT-JOSEPH

GRANDS MAGASINS DE NOUVEAUTÉS

117-119, rue Montmartre, 2, rue Joquelet

Paris.

MISE EN VENTE
DE
TROUSSEAUX POUR PENSIONS

Envoi franco d'échantillons

DANS LES DÉPARTEMENTS

Et à l'étranger

Le Catalogue pour la **saison d'hiver 1874-1875** vient de paraître.

CREDIT à TOUT le MONDE
à l'Omnibus du Travailleur
10, 41 et 44, rue Coquillière

UN TIERS COMPTANT
le reste par semaine, par quinzaine et par mois

Meubles, Literie, Confections pour hommes et dames Soieries, Lainages, Nouveautés et Bijouterie
100,000 CLIENTS INSCRITS

Mobilier complet — Acajou
Composé de 18 objets, pour 280 fr.

PAIEMENT DE COUPONS
VÉRIFICATION
DES **AMORTISSEMENTS** GARANTIE
Achats et Ventes
Avances sur titres

PILLART Banquier
102, rue d'Aboukir
Caisse ouverte de 9 heures à 4 heures.

---

8 Médailles

MARGUERITTE frères
ARBORICULTEURS DESSINATEURS
DE PARCS ET JARDINS
Rue Debrousses, 3, à Paris (Pont de l'Alma).

VIN DE QUINQUINA TITRÉ
Au bordeaux 2 francs 75 le litre, 1 franc 75 le demi-litre — Au Malaga 4 francs 75 le litre, 2 francs 75 le demi-litre
Livraison franco à domicile
Pharmacie G. GENDRON
67, Boulevard Beaumarchais, 67.

CONCERTS
Du Jardin

MILITAIRES
des Tuileries

1re Année. — N° 62
TIRAGE QUOTIDIEN
2,000 Exemplaires

BUREAUX
et
ADMINISTRATION
20, Rue Saint-Joseph, 20,

Bourse des Locations immobilières
GALERIE VIVIENNE, 55, 57, 59

RENSEIGNEMENTS GRATUITS

Pour la location d'appartements meublés ou non meublés. Villas, Campagnes etc., etc.

VIENT DE PARAITRE

2e édition

COMMENT ON PEUT SE MARIER

Par THIMOTHÉE TRIMM (Léo Lespès)

75 cent. — Librairie Bourguillert, 68, rue de Rivoli.

Mme **PARIS**, somnambule, 1re cl., sous la direction d'un Dr; r. du Roule, 10, au 2e (halles centrales).

AUX GALERIES TURBIGO

16, rue de Turbigo et rue aux Ours, 38
(près les Halles centrales)

MAISON SPÉCIALE DE BLANC, LINGERIE, BONNETERIE

Pour cause de Cessation de Commerce

LIQUIDATION GÉNÉRALE

De toutes les Marchandises, vendues avec un

Rabais Considérable

AUX GALERIES TURBIGO

Mousseline brodée pour petits et grands rideaux, le mètre.....	»	33
Mousseline rayée satinée, larg 1 m. 40. à 95 c. et 75		
Mouchoirs vignettes haute nouveauté, la douz.	2	40
Calicots et coton écru, très-bonne qualité pour chemises.....	»	55
Toile crêmée pour grands draps.....	»	95
Bas écosse blancs et écrus sans coutures	»	25
Bas de Paris, chaque paire, (marquée Paris)	1	65
Chaussettes, 5 fils diminuées, cambrées et renforcées.....	»	60
Bas laine mérinos pour enfants.....	»	80
Gilets de chasse, au lieu de 10 et 11 fr....	5	70
Chemises, cols, poignets et devants percale fine.....	2	35

AUX GALERIES TURBIGO

Pantalons percale (forme zouave) avec guipure	1	35
Pantalons et camisoles percale, 50 plis à la main.....	2	60
Chemises percale garnies et festonnées......	2	45
Caracos velours de laine.....	1	95
Cols, haute nouveauté	»	10

16, rue de Turbigo, et rue aux Ours, 38

La vente ouvrira à 9 heures.

PROGRAMME

du

Samedi 26 septembre 1874

TUILERIES — De 5 à 6

64e DE LIGNE

CHEF : M. Jacoutot

1. Allegro militaire......... SELLENICK
2. Final de Lucie......... DONIZETTI
3. Margaret (grande valse)...... C. FAUOT
4. La Diva (fantaisie)........ OFFENBACH
5. Les Bébés (polka)......... BUOT

A SAINT-JOSEPH

GRANDS MAGASINS DE NOUVEAUTÉS

117-119, rue Montmartre, 2, rue Joquelet

Paris.

MISE EN VENTE

DE

TROUSSEAUX POUR PENSIONS

Envoi franco d'échantillons

DANS LES DÉPARTEMENTS

Et à l'étranger

Le Catalogue pour la **saison d'hiver 1874-1875** vient de paraître.

CREDIT à TOUT le MONDE
à l'Omnibus du Travailleur

10, 41 et 44, rue Coquillière

UN TIERS COMPTANT

le reste par semaine, par quinzaine et par mois

Meubles, Literie. Confections pour hommes et dames Soieries. Lainages, Nouveautés et Bijouterie
100,000 CLIENTS INSCRITS

Mobilier complet — Acajou
Composé de 18 objets, pour 280 fr.

PAIEMENT DE COUPONS

VÉRIFICATION

DES **AMORTISSEMENTS** GARANTIE

Achats et Ventes

Avances sur titres

PILLART Banquier

102, rue d'Aboukir
Caisse ouverte de 9 heures à 4 heures.

A LA FIANCÉE

168, rue Saint-Honoré

(Au coin de la rue Croix-des-Petits-Champs)

Liquidation 70 % de rabais

LINGERIE, CHEMISES, BONNETERIE

OUVERTURE LUNDI 28 SEPTEMBRE

Fermeture définitive le 15 octobre prochain.

VIN DE QUINQUINA TITRÉ

Au bordeaux 2 francs 75 le litre, 1 franc 75 le demi-litre
Au Malaga 4 francs 75 le litre, 2 francs 75 le demi-litre

Livraison franco à domicile

Pharmacie G. GENDRON
67, Boulevard Beaumarchais, 67.

CONCERTS
du Jardin du

MILITAIRES
Palais-Royal

1re Année. — No 63
TIRAGE QUOTIDIEN
2,000 Exemplaires

BUREAUX
et
ADMINISTRATION
20, Rue Saint-Joseph, 20,

---

6 Médailles
MARGUERITTE frères
ARBORICULTEURS DESSINATEURS
DE PARCS ET JARDINS
Rue Debrousses, 3, à Paris (Pont de l'Alma).

VIENT DE PARAÎTRE
2e édition
COMMENT ON PEUT SE MARIER
Par THIMOTHÉE TRIMM (Léo Lespès)
75 cent. — Librairie Bouguillert, 68, rue de Rivoli.

Mme PARIS, somnambule, 1re cl.,
sous la direction d'un Dr; r. du Roule, 10,
au 2e (halles centrales).

AUX GALERIES TURBIGO
16, rue de Turbigo, et rue aux Ours, 38
(près les Halles centrales)

MAISON SPÉCIALE DE BLANC, LINGERIE, BONNETERIE

Pour cause de cessation de Commerce

LIQUIDATION GÉNÉRALE
De toutes les Marchandises vendues avec un

Rabais Considérable
AUX GALERIES TURBIGO

Mousseline brodée pour petits et grands
rideaux, le mètre.................... » 33
Mousseline rayée satinée, larg. 1 m. 50, à 95 c. et 75
Mouchoirs vignettes haute nouveauté, la douz. 2 40
Calicots et coton écru très-bonne qualité pour
chemises .... » 55
Toile crêmée pour grands draps............ » 95
Bas écosse blancs et écrus sans coutures » 25
Bas de Paris chaque paire (marquée Paris) 1 65
Chaussettes, 5 fils, diminuées, cambrées et
renforcées .... » 60
Bas laine mérinos pour enfants............ » 80
Gilets de chasse, au lieu de 10 et 11 fr. 5 70
Chemises, cols, poignets et devant percale
fine 2 35

AUX GALERIES TURBIGO
Pantalons percale (forme zouave) avec guipure 1 35
Pantalons et camisoles percale, 50 plis à la
main 2 60
Chemises percale garnies et festonnées...... 2 45
Caracos velours de laine.................. 1 95
Cols, haute nouveauté.................... » 10

16, rue Turbigo, et rue aux Ours, 38
La vente ouvrira à 9 heures

PROGRAMME
du
Dimanche 27 septembre 1874

PALAIS-ROYAL — de 5 à 6

70e DE LIGNE

CHEF : M. Eybert

1. Le Véloce (ouverture) . . Mme Rollé
2. La Favorite (fantaisie) . Donizetti
3. Nabucco (air de basse) . Verdi
4. Les Dragons de Vil-
   lars (fantaisie) . . . . . Maillard
5. Espoir (grande valse) . . Babo de Carrérès

A SAINT JOSEPH
GRANDS MAGASINS DE NOUVEAUTÉS
147-149, rue Montmartre, 2, rue Joquelet
Paris

MISE EN VENTE
DE
TROUSSEAUX POUR PENSIONS

Envoi franco d'échantillons
DANS LES DÉPARTEMENTS
Et à l'étranger

Le Catalogue pour la **saison d'hiver 1874-1875**
vient de paraître.

CRÉDIT à TOUT le MONDE
à l'Omnibus du Travailleur
10, 41 et 44, rue Coquillière

UN TIERS COMPTANT
le reste par semaine, par quinzaine et par mois

Meubles, Literie, Confections pour hommes et dames
Soieries, Lainages, Nouveautés et Bijouterie
100,000 CLIENTS INSCRITS

Mobilier complet — Acajou
Composé de 18 objets, pour 280 fr.

PAIEMENT DE COUPONS
VÉRIFICATION
DES **AMORTISSEMENTS** GARANTIE
Achats et Ventes
Avances sur titres
PILLART Banquier
102, rue d'Aboukir
Caisse ouverte de 9 heures à 4 heures.

A LA FIANCÉE
168, rue Saint-Honoré
(Au coin de la rue Croix-des-Petits-Champs)

Liquidation 70 °\o de rabais
LINGERIE, CHEMISES, BONNETERIE

OUVERTURE LUNDI 28 SEPTEMBRE
Fermeture définitive le 15 octobre prochain.

VIN DE QUINQUINA TITRE
Au bordeaux 2 francs 75 le litre; 1 franc 75 le demi-litre
Au Malaga 4 francs 75 le litre; 2 francs 75 le demi-litre
Livraison franco à domicile
Pharmacie G. GENDRON
67, Boulevard Beaumarchais, 67.

VENTE DIRECTE
aux Consommateurs

25 0/0 meilleur marché
DEMANDEZ LE CATALOGUE GÉNÉRAL

CONCERTS
du Jardin du

1re Année. — N° 63
TIRAGE QUOTIDIEN
2,000 Exemplaires

MILITAIRES
Palais-Royal

BUREAUX
et
ADMINISTRATION
20, Rue Saint-Joseph, 20,

---

6 Médailles

MARGUERITTE frères

ARBORICULTEURS DESSINATEURS

DE PARCS ET JARDINS

Rue Debrousses, 3, à Paris (Pont de l'Alma).

VIENT DE PARAITRE

2e édition

COMMENT ON PEUT SE MARIER

Par **TIMOTHÉE TRIMM** (Léo Lespès)

75 cent. — Librairie Bouguillert, 68, rue de Rivoli.

Mme PARIS, somnambule, 1re cl.,
sous la direction d'un Dr; r. du Roule, 10,
au 2e (halles centrales).

AUX GALERIES TURBIGO

16, rue de Turbigo, et rue aux Ours, 38
(près les Halles centrales)

MAISON SPÉCIALE DE BLANC, LINGERIE, BONNETERIE

Pour cause de cessation de Commerce

LIQUIDATION GÉNÉRALE

De toutes les Marchandises vendues avec un

Rabais Considérable

AUX GALERIES TURBIGO

Mousseline brodée pour petits et grands rideaux, le mètre	»	33
Mousseline rayée satinée, larg. 1 m. 50, à 95 c. et		75
Mouchoirs vignettes haute nouveauté, la douz.	2	40
Calicots et coton écru très-bonne qualité pour chemises	»	55
Toile crémée pour grands draps	»	95
Bas écosse blancs et écrus sans coutures	»	25
Bas de Paris chaque paire (marquée Paris)	1	65
Chaussettes, 5 fils, diminuées, cambrées et renforcées	»	60
Bas laine mérinos pour enfants	»	80
Gilets de chasse, au lieu de 10 et 11 fr.	5	70
Chemises, cols, poignets et devant percale fine	2	35

AUX GALERIES TURBIGO

Pantalons percale (forme zouave) avec guipure	1	35
Pantalons et camisoles percale, 50 plis à la main	2	60
Chemises percale garnies et festonnées	2	45
Caracos velours de laine	1	95
Cols, haute nouveauté	»	10

16, rue Turbigo et rue aux Ours, 38

La vente ouvrira à 9 heures

PROGRAMME

du

Dimanche 27 septembre 1874

PALAIS-ROYAL — de 5 à 6

70e DE LIGNE

CHEF : M. Eybert

1. Le Véloce (ouverture) . . Mme ROLLÉ
2. La Favorite (fantaisie) . DONIZETTI
3. Nabucco (air de basse) . VERDI
4. Les Dragons de Villars (fantaisie) . . . . MAILLARD
5. Espoir (grande valse) . . BABO DE CARRÈRES

A SAINT JOSEPH

GRANDS MAGASINS DE NOUVEAUTÉS

117-119, rue Montmartre, 2, rue Joquelet
Paris

MISE EN VENTE
DE
TROUSSEAUX POUR PENSIONS

Envoi franco d'échantillons

DANS LES DÉPARTEMENTS

Et à l'étranger

Le Catalogue pour la saison d'hiver 1874-1875 vient de paraître.

CRÉDIT à TOUT le MONDE

à l'Omnibus du Travailleur
10, 41 et 44, rue Coquillière

UN TIERS COMPTANT

le reste par semaine, par quinzaine et par mois

Meubles, Literie, Confections pour hommes et dames
Soieries, Lainages, Nouveautés et Bijouterie
100,000 CLIENTS INSCRITS

Mobilier complet — Acajou
Composé de 18 objets, pour 280 fr.

PAIEMENT DE COUPONS

VÉRIFICATION

DES **AMORTISSEMENTS** GARANTIE

Achats et Ventes

Avances sur titres

PILLART Banquier

102, rue d'Aboukir
Caisse ouverte de 9 heures à 4 heures.

A LA FIANCÉE

168, rue Saint-Honoré

(Au coin de la rue Croix-des-Petits-Champs)

Liquidation 70 % de rabais

LINGERIE, CHEMISES, BONNETERIE

OUVERTURE LUNDI 28 SEPTEMBRE

Fermeture définitive le 15 octobre prochain.

VIN DE QUINQUINA TITRE

Au bordeaux 2 francs 75 le litre, 1 franc 75 le demi-litre
Au Malaga 4 francs 75 le litre, 2 francs 75 le demi-litre

Livraison franco à domicile

Pharmacie G. GENDRON
67, Boulevard Beaumarchais, 67.

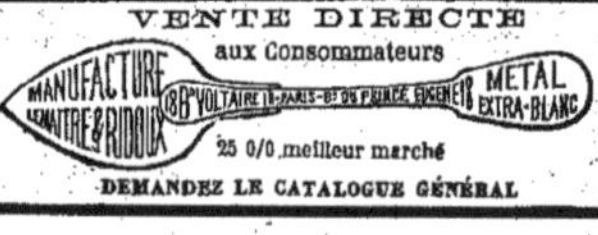

CONCERTS
du Jardin du

MILITAIRES
Palais-Royal

1re Année. — N° 64
TIRAGE QUOTIDIEN
2,000 Exemplaires

BUREAUX
et
ADMINISTRATION
20, Rue Saint-Joseph, 20,

PROGRAMME
du

Mardi 29 septembre 1874

PALAIS-ROYAL — de **5 à 6**

GARDE RÉPUBLICAINE

CHEF : M. Sellenick

1. Precioza . . . . WEBER
2. Les Fiancés de la Mort, sur des motifs de Schubert . . . . . KREMPEL
3. Ouverture de Guillaume Tell . . . ROSSINI
4. Les Petits Oiseaux . . . . . . DOUARD

SOLISTES

MM. Maury sous-chef, Triébert, Lecerf, Letailleur, Prevet, Beckman, Graffeuille, Parès, Joseph, Clayette, Elie, Schlottman.

A SAINT-JOSEPH

GRANDS MAGASINS DE NOUVEAUTÉS

117-119, rue Montmartre, 2, rue Joquelet
Paris

MISE EN VENTE
DE

TROUSSEAUX POUR PENSIONS

Envoi franco d'échantillons
DANS LES DÉPARTEMENTS
Et à l'étranger

Le Catalogue pour la **saison d'hiver 1874-1875**
vient de paraître.

CONCERTS
Du Jardin du

MILITAIRES
Palais-Royal

1re Année. — No 65
TIRAGE QUOTIDIEN
4,000 Exemplaires

BUREAUX
et
ADMINISTRATION
20, Rue Saint-Joseph, 20.

---

6 Médailles
MARGUERITTE frères
ARBORICULTEURS DESSINATEURS
DE PARCS ET DE JARDINS
Rue Debrousses, 3, à Paris (Pont de l'Alma).

VIENT DE PARAITRE
2e édition
COMMENT ON PEUT SE MARIER
Par THIMOTHÉE THIMM (Léo Lespès)
75 cent. — Librairie Bouquillert, 68, rue de Rivoli.

Mme PARIS, somnambule, 1re cl.,
sous la direction d'un Dr; r. du Roule, 10,
au 2e (halles centrales).

AUX GALERIES TURBIGO
16, rue de Turbigo et rue aux Ours, 38
(près les Halles centrales)

MAISON SPÉCIALE DE BLANC, LINGERIE, BONNETERIE

Pour cause de Cessation de Commerce

LIQUIDATION GÉNÉRALE
De toutes les Marchandises, vendues avec un

Rabais Considérable

AUX GALERIES TURBIGO

Mousseline brodée pour petits et grands rideaux, le mètre	»	33
Mousseline rayée satinée, larg 1 m. 40. à 95 c. et		75
Mouchoirs vignettes haute nouveauté, la douz.	2	40
Calicots et coton écru, très-bonne qualité pour chemises	»	55
Toile crêmée pour grands draps	»	95
Bas écosse blancs et écrus sans coutures	»	25
Bas de Paris, chaque paire, (marquée Paris)	1	65
Chaussettes, 5 fils diminuées, cambrées et renforcées	»	60
Bas laine mérinos pour enfants	»	60
Gilets de chasse, au lieu de 10 et 11 fr.	5	70
Chemises, cols, poignets et devants percale fine	2	35

AUX GALERIES TURBIGO

Pantalons percale (forme zouave) avec guipure	1	35
Pantalons et camisoles percale, 50 plis à la main	2	60
Chemises percale garnies et festonnées	2	45
Caracos velours de laine	1	95
Cols, haute nouveauté	»	10

16, rue de Turbigo, et rue aux Ours, 38

La vente ouvrira à 9 heures.

PROGRAMME
du
Samedi 3 octobre 1874

PALAIS-ROYAL — De 5 à 6

GARDE RÉPUBLICAINE
CHEF : M. Sellenick

1. Robert-le-Diable . . . . MEYERBEER
2. Lucie de Lamermoor . . . . . DONIZETTI
3. La Bavarde . . . . SELLENICK
4. Le Domino noir . . . . AUBER

SOLISTES
MM. Maury sous-chef Triébert, Lecerf, Letailleur, Prevet, Beckman, Graffeuille, Parès, Joseph, Clayette, Elie, Schlottman.

A SAINT-JOSEPH
GRANDS MAGASINS DE NOUVEAUTÉS
117-119, rue Montmartre, 2, rue Joquelet
Paris.

MISE EN VENTE
DE
TROUSSEAUX POUR PENSIONS

Envoi franco d'échantillons
DANS LES DÉPARTEMENTS
Et à l'étranger

Le Catalogue pour la **saison d'hiver 1874-1875**
vient de paraître.

CREDIT à TOUT le MONDE
à l'Omnibus du Travailleur
10, 41 et 44, rue Coquillière

UN TIERS COMPTANT
le reste par semaine, par quinzaine et par mois

Meubles, Literie. Confections pour hommes et dames
Soieries. Lainages, Nouveautés et Bijouterie
100,000 CLIENTS INSCRITS

Mobilier complet — Acajou
Composé de 18 objets, pour 280 fr.

PAIEMENT DE COUPONS
VÉRIFICATION
DES **AMORTISSEMENTS** GARANTIE
Achats et Ventes
Avances sur titres
PILLART Banquier
102, rue d'Aboukir
Caisse ouverte de 9 heures à 4 heures.

A LA FIANCÉE
168, rue Saint-Honoré
(Au coin de la rue Croix-des-Petits-Champs)

Liquidation 70 °|₀ de rabais
LINGERIE, CHEMISES, BONNETERIE

OUVERTURE LUNDI 28 SEPTEMBRE
Fermeture définitive le 15 octobre prochain.

VIN DE QUINQUINA TITRÉ
Au bordeaux 2 francs 75 le litre, 1 franc 75 le demi-litre
Au Malaga 4 francs 75 le litre, 2 francs 75 le demi-litre
Livraison franco à domicile
Pharmacie G. GENDRON
67, Boulevard Beaumarchais, 67.

CONCERTS
du Jardin du

MILITAIRES
Palais-Royal

1re Année. — N° 66
TIRAGE QUOTIDIEN
4,000 Exemplaires

BUREAUX
et
ADMINISTRATION
20, Rue Saint-Joseph, 20,

AUX
GALERIES TURBIGO

16, rue de Turbigo, et rue aux Ours, 38

(près les Halles centrales)

MAISON SPÉCIALE DE BLANC, LINGERIE, BONNETERIE

Pour cause de cessation de Commerce

LIQUIDATION GÉNÉRALE

De toutes les Marchandises vendues avec un

Rabais Considérable
AUX GALERIES TURBIGO

...e brodée pour petits et grands		
Mousselin... mètre	»	33
rideaux, le ... larg. 1 m. 50, à 95 c. et 75		
Mousseline rayée satinée, nouveauté, la douz.	2	40
Mouchoirs vignettes haute nou... qualité pour		
Tricots et coton écru très-bonne qu...	»	55
Chemises	»	95
Toile crêmée pour grands draps		75
Bas écosse blancs et écrus sans coutures	»	2.
Gants de Paris chaque paire (marquée Paris)	1	65
Chaussettes, 5 fils, diminuées, cambrées et renforcées	»	60
Bas laine mérinos pour enfants	»	80
Gilets de chasse, au lieu de 10 et 11 fr.	5	70
Chemises, cols, poignets et devant percale fine	2	35

AUX GALERIES TURBIGO

Pantalons percale (forme zouave) avec guipure	1	35
Pantalons et camisoles percale, 50 plis à la main	2	60
Chemises percale garnies et festonnées	2	45
Caracos velours de laine	1	95
Cols, haute nouveauté	»	10

16, rue Turbigo et rue aux Ours, 38
La vente ouvrira à 9 heures

---

6 Médailles
MARGUERITTE frères
ARBORICULTEURS DESSINATEURS
DE PARCS ET JARDINS
Rue Debrousses, 3, à Paris (Pont de l'Alma).

PROGRAMME
du
Dimanche 4 octobre 1874

PALAIS-ROYAL — de 5 à 6

72e DE LIGNE

CHEF : M. **Davergne**

1. Alsace-Lorraine (allegro militaire) — Bentayoux
2. La Fête du Village voisin (ouv). — Boieldieu
3. Fantaisie sur Fra Diavolo — Auber
4. Mosaïque sur Guillaume Tell — Rossini
5. Les Violettes (valse) — O. Métra
6. Le Santag (polka) — Strauss

A SAINT JOSEPH
GRANDS MAGASINS DE NOUVEAUTÉS
117-119, rue Montmartre, 2, rue Joquelet
Paris

MISE EN VENTE
DE
TROUSSEAUX POUR PENSIONS

Envoi franco d'échantillons
DANS LES DÉPARTEMENTS
Et à l'étranger

Le Catalogue pour la **saison d'hiver 1874-1875**
vient de paraître.

CRÉDIT à TOUT le MONDE
à l'Omnibus du Travailleur
10, 41 et 44, rue Coquillière

UN TIERS COMPTANT
le reste par semaine, par quinzaine et par mois

Meubles, Literie, Confections pour hommes et dames
Soieries, Lainages, Nouveautés et Bijouterie
100,000 CLIENTS INSCRITS

Mobilier complet — Acajou
Composé de 18 objets, pour 280 fr.

VIENT DE PARAITRE
2e édition
COMMENT ON PEUT SE MARIER
Par THIMOTHÉE TRIMM (Léo Lespès)
73 cent. — Librairie Bouquillert, 68, rue de Rivoli.

PAIFMENT DE COUPONS
VÉRIFICATION
DES **AMORTISSEMENTS** GARANTIE
Achats et Ventes
Avances sur titres
PILLART Banquier
102, rue d'Aboukir
Caisse ouverte de 9 heures à 4 heures.

A LA FIANCÉE
168, rue Saint-Honoré
(Au coin de la rue Croix-des-Petits-Champs)

Liquidation 70 % de rabais
LINGERIE, CHEMISES, BONNETERIE

OUVERTURE LUNDI 28 SEPTEMBRE
Fermeture définitive le 15 octobre prochain.

VIN DE QUINQUINA TITRÉ
Au bordeaux 2 francs 75 le litre, 1 franc 75 le demi-litre
Au Malaga 4 francs 75 le litre, 2 francs 75 le demi-litre
Livraison franco à domicile
Pharmacie G. GENDRON
67, Boulevard Beaumarchais, 67.

CONCERTS
du Jardin du

MILITAIRES
Palais-Royal

1re Année. — N° 67
TIRAGE QUOTIDIEN
2,000 Exemplaires

BUREAUX
et
ADMINISTRATION
28, Rue Saint-Joseph, 20,

AUX
GALERIES TURBIGO

16, rue de Turbigo, et rue aux Ours, 38

(près les Halles centrales)

MAISON SPÉCIALE DE BLANC, LINGERIE, BONNETERIE

Pour cause de cessation de Commerce

LIQUIDATION GÉNÉRALE

De toutes les Marchandises vendues avec un

Rabais Considérable
AUX GALERIES TURBIGO

Mousseline brodée pour petits et grands rideaux, le mètre	»	33
Mousseline rayée satinée, larg. 1 m. 50, à 95 c. et		75
Mouchoirs vignettes haute nouveauté, la douz.	3	40
Calicots et coton écru très-bonne qualité pour chemises	»	55
Toile crêmée pour grands draps	»	95
Bas écosse blancs et écrus sans coutures	»	25
Bas de Paris chaque paire (marquée Paris)	1	65
Chaussettes, 5 fils, diminuées, cambrées et renforcées	»	60
Bas laine mérinos pour enfants	»	80
Gilets de chasse, au lieu de 10 et 11 fr.	5	70
Chemises, cols, poignets et devant percale fine	2	35

AUX GALERIES TURBIGO

Pantalons percale (forme zouave) avec guipure	1	35
Pantalons et camisoles percale, 50 plis à la main	2	60
Chemises percale garnies et festonnées	2	45
Caracos velours de laine	1	95
Cols, haute nouveauté	»	10

16, rue Turbigo et rue aux Ours, 38

La vente ouvrira à 9 heures

---

6 Médailles

MARGUERITTE frères

ARBORICULTEURS, DESSINATEURS

DE PARCS ET JARDINS

Rue Debrousses, 3, à Paris (Pont de l'Alma).

PROGRAMME
du
Mardi 6 octobre 1874

PALAIS-ROYAL — de 5 à 6

124e DE LIGNE

CHEF : M. Audoir

1. Allegro militaire . . . . X...
Le Voyage en Chine, ouverture . . . Bazin
3. La Part du Diable, mosaïque . . Auber
4. La Sensitive, grande valse . . . . Dœring
5. Nachtigal, polka . . . . Parlow

À SAINT JOSEPH

GRANDS MAGASINS DE NOUVEAUTÉS

117-119, rue Montmartre, 2, rue Joquelet
Paris

MISE EN VENTE
DE
TROUSSEAUX POUR PENSIONS

Envoi franco d'échantillons

DANS LES DÉPARTEMENTS

Et à l'étranger

Le Catalogue pour la **saison d'hiver 1874-1875**
vient de paraître.

CRÉDIT à **TOUT** le **MONDE**
à l'Omnibus du Travailleur
10, 41 et 44, rue Coquillière

UN TIERS COMPTANT
le reste par semaine, par quinzaine et par mois

Meubles, Literie, Confections pour hommes et dames
Soieries, Lainages, Nouveautés et Bijouterie
100,000 CLIENTS INSCRITS

Mobilier complet — Acajou
Composé de 18 objets, pour 280 fr.

CALLIGRAPHIE & COMTABILITÉ
VIENT DE PARAITRE
2e édition
COMMENT ON PEUT SE MARIER
Par THIMOTHÉE TRIMM (Léo Lespès)
75 cent. — Librairie Bouquillert, 68, rue de Rivoli.

Maison FAVARGER
54 — Passage Vivenne — 54

Le Lundi 12 Octobre, **Ouverture d'un Cours de Tenue des Livres théorie-pratique,** comprenant l'explication et la passation sur les Livres des opérations commerciales présentées sous leurs différents aspects, depuis l'ouverture des Livres, c'est-à-dire la constitution du Capital individuel ou Social, jusques et y compris l'Inventaire et la Liquidation.

Les calculs de banque, d'après une méthode rapide, les comptes-courants, méthode directe ou indirecte, sont également enseignés dans ce cours dont le prix est de . . . . . . 40 f. } 45 fr.
Les Livres nécessaires à } une fois
l'enseignement pratique. 5 f. } donnés.
Là durée de ce cours est de deux mois; il aura lieu trois jours par semaine, les **Lundi-Mercredi-Vendredi,** à 9 heures du soir.

Les personnes qui désirent suivre ce cours, sont priées de s'inscrire quelques jours avant le 12 Octobre, **Galerie Vivenne, 44, Maison FAVARGER.**

	longueur	
Rotondes Soie doublées fourrure	110	89
	115	97
	120	105
	125	113
	130	121
Rotondes Cachemires doublées fourrure	110	65
	115	75
	120	85
	125	95
	130	105

CONCERTS
Du Jardin

1re Année. — N° 68
TIRAGE QUOTIDIEN
2,000 Exemplaires

MILITAIRES
des Tuileries

BUREAUX
et
ADMINISTRATION
20, Rue Saint-Joseph, 20,

AUX GALERIES TURBIGO

16, rue de Turbigo et rue aux Ours, 38
(près les Halles centrales)

MAISON SPÉCIALE DE BLANC, LINGERIE, BONNETERIE

Pour cause de Cessation de Commerce

LIQUIDATION GÉNÉRALE

De toutes les Marchandises, vendues avec un

Rabais Considérable

AUX GALERIES TURBIGO

Mousseline brodée pour petits et grands rideaux, le mètre	»	33
Mousseline rayée satinée, larg 1 m. 40. à 95 c. et 75		
Mouchoirs vignettes haute nouveauté, la douz.	2	40
Calicots et coton écru, très-bonne qualité pour chemises	»	55
Toile crèmée pour grands draps	»	95
Bas écosse blancs et écrus sans coutures	»	25
Bas de Paris, chaque paire, (marquée Paris)	1	65
Chaussettes, 5 fils diminuées, cambrées et renforcées	»	60
Bas laine mérinos pour enfants	»	90
Gilets de chasse, au lieu de 10 et 11 fr	5	70
Chemises, cols, poignets et devants percale fine	2	35

AUX GALERIES TURBIGO

Pantalons percale (forme zouave) avec guipure	1	35
Pantalons et camisoles percale, 50 plis à la main	2	60
Chemises percale garnies et festonnées	2	45
Caracos velours de laine	1	95
Cols, haute nouveauté	»	10

16, rue de Turbigo, et rue aux Ours, 38

La vente ouvrira à 9 heures.

---

6 Médailles

MARGUERITTE frères

ARBORICULTEURS DESSINATEURS

DE PARCS ET DE JARDINS

Rue Debrousses, 3, à Paris (Pont de l'Alma).

PROGRAMME

du

Mercredi 7 octobre 1874

TUILERIES — De 5 à 6

117e DE LIGNE

CHEF : M. Schultz

1. Allegro militaire . . . . X . . .
2. L'Ambassadrice, ouverture . . . AUBER
3. L'Adige, tyrolienne . . . . . . BOUSQUET
4. Attila, air . . . . VERDI
5. Lydie, polka . . . . CUULTZ

A SAINT-JOSEPH

GRANDS MAGASINS DE NOUVEAUTÉS

117-119, rue Montmartre, 2, rue Joquelet

Paris.

MISE EN VENTE

DE

TROUSSEAUX POUR PENSIONS

Envoi franco d'échantillons

DANS LES DÉPARTEMENTS

Et à l'étranger

Le Catalogue pour la saison d'hiver 1874-1875

vient de paraître,

CREDIT à TOUT le MONDE

à l'Omnibus du Travailleur

10, 41 et 44, rue Coquillière

UN TIERS COMPTANT

le reste par semaine, par quinzaine et par mois

Meubles, Literie. Confections pour hommes et dames
Soieries. Lainages, Nouveautés et Bijouterie
100,000 CLIENTS INSCRITS

Mobilier complet — Acajou

Composé de 18 objets, pour 280 fr.

---

75 cent. — Librairie Bouquiller, 68, rue de Rivoli

Par THIMOTHÉE TRIMM (Léo Lespès)

COMMENT ON PEUT SE MARIER

2e édition

VIENT DE PARAÎTRE

CALIGRAPHIE ET COMPTABILITÉ
Maison FAVARGER

44 — Passage Vivienne — 44

LE LUNDI 12 OCTOBRE, **Ouverture d'un Cours de Tenue des Livres théorie-pratique**, comprenant l'explication et la passation sur les Livres des opérations commerciales présentées sour leurs différents aspects depuis l'ouverture des Livres, c'est-à-dire la constitution du capital individuel ou Social, jusques et y compris l'Inventaire et la Liquidation

Les calculs de banque, d'après une méthode rapide, les comptes-courants, méthode directe ou indirecte, sont également enseignés dans ce cours dont le prix est de . . . . 40 fr. } 45 fr. une fois donnés.
Les Livres nécessaires à l'enseignement pratique . 5 jr. }

La durée de ce cours est de deux mois; il aura lieu trois jours par semaine, les **Lundi-Mercredi-Vendredi**, à 9 heures du soir.

Les personnes qui désirent suivre ce cours, sont priées de s'inscrire quelques jours avant le 12 octobre, **galerie Vivienne, 44, Maison FAVARGER**.

GRANDE FABRIQUE
DE
MEUBLES

EN TOUS GENRES
Maison de vente
30 — rue Feydeau — 30 (près la Bourse)

Le propriétaire de cet Etablissement offre à sa clientèle les avantages suivants :

Tous les Meubles fabriqués, restant en magasin seront vendus somme suit :

Salles à Manger, vieux Chêne, composées de : Un buffet, une table 3 rallonges, 6 chaises, au lieu de 600 fr . . . . . 390 fr.
Chaises, les mêmes de 8 fr. 50 pour . . 5 f. 50
Chambres à Coucher, Palissandre, composées de : Une armoire à glace, un grand lit, une table de nuit, une commode-toilette, au lieu de 1,000 fr . . . 595 fr

Un tapissier-décorateur, spécialement attaché au service de la fabrique, est à la disposition de la clientèle pour toutes les commandes à exécuter concernant les sièges, rideaux tentures, tapis, e.c., etc.

IMPERMÉABLES GARANTIS
PÉLERINES & MANCHES
Longueurs: 120,125,130,135 et 140.
Bleus
12.75
Gris
9.75
IMPERMÉABLES ENFANTS, GRIS.
6 ans 5f
8 6
10 7
12 8
14 9
ONDÉE
Modèle exclusif, Bleu, Gris et Noir
26f
26f
Pour les DAMES, les DEMOISELLES & les ENFANTS
Tous les nouveaux MODÈLES IMPERMÉABLES sont arrivés
A LA MAGICIENNE
20,000 à choisir
32fr
32fr
NEPTUNE
Modèle exclusif, Bleu, Gris et Noir
Rotondes Soie doublées fourrure ...... longueur ...110 89
115 97
120 105
125 113
130 121
Rotondes Cachemires doublées fourrure 110 65
115 75
120 85
125 95
130 105
20,000 à choisir
129
Rue Montmartre
A LA MAGICIENNE
Rue Montmartre
LA SEULE GRANDE SPÉCIALITÉ DE CONFECTIONS POUR DAMES & ENFANTS
IMPERMÉABLES GARANTIS
MACFERLAMS
Longueur: 120,125,130,135 et 140
Bleus
14.75
Gris
12
IMPERMÉABLES ENFANTS, BLEUS
6 ans 7f
8 8
10 9
12 10
14 11
RAPHAEL
Modèle exclusif, Bleu, Gris et Noir.
28f
28f
Lith. LEMER, rue Coquillière, 22 bis.
Boulogne (Seine). — Imprimerie JULES BOYER et Cie. — Administration : 11, rue Neuve-Saint-Augustin, à Paris.

CONCERTS
Du Jardin

1ʳᵉ Année. — N° 69
TIRAGE QUOTIDIEN
2,000 Exemplaires

MILITAIRES
des Tuileries

BUREAUX
et
ADMINISTRATION
20, Rue Saint-Joseph, 20

AUX
GALERIES TURBIGO

16, rue de Turbigo et rue aux Ours, 38
(près les Halles centrales)

MAISON SPÉCIALE DE BLANC, LINGERIE, BONNETERIE

Pour cause de Cessation de Commerce

LIQUIDATION GENERALE

De toutes les Marchandises, vendues avec un

Rabais Considérable

AUX GALERIES TURBIGO

Mousseline brodée pour petits et grands rideaux, le mètre....................	»	33
Mousseline rayée satinée, larg 1 m. 40. à 95 c. et		75
Mouchoirs vignettes haute nouveauté, la douz.	2	40
Calicots et coton écru, très-bonne qualité pour chemises......................	»	55
Toile crêmée pour grands draps..............	»	95
Bas écosse blancs et écrus sans coutures	»	25
Bas de Paris, chaque paire, (marquée Paris)	1	65
Chaussettes, 5 fils diminuées, cambrées et renforcées.......................	»	60
Bas laine mérinos pour enfants.............	»	80
Gilets de chasse, au lieu de 10 et 11 fr.....	5	70
Chemises, cols, poignets et devants percale fine...............................	2	35

AUX GALERIES TURBIGO

Pantalons percale (forme zouave) avec guipure	1	35
Pantalons et camisoles percale, 50 plis à la main...............................	2	60
Chemises percale garnies et festonnées......	2	45
Caracos velours de laine..................	1	95
Cols, haute nouveauté	»	10

16, rue de Turbigo, et rue aux Ours, 38

La vente ouvrira à 9 heures.

VIN DE QUINQUINA TITRÉ

Au bordeaux 2 francs 75 le litre, 1 franc 75 le demi-litre
Au Malaga 4 francs 75 le litre, 2 francs 75 le demi-litre

Livraison franco à domicile

Pharmacie G. GENDRON
67, Boulevard Beaumarchais, 67.

PROGRAMME

du

Jeudi 8 octobre 1874

TUILERIES — De 5 à 6

72ᵉ DE LIGNE

CHEF : **M. Davergne**

1. Alsace-Lorraine, allegro.... BENIAYOUX
2. Ouverture de Stradella.... FLOTOW
3. Fantaisie sur le Trouvère... VERDI
4. Le Petit Faust, quadrille... HERVÉ
5. Les Violettes, valse...... O. MÉTRA
6. Peau de Satin......... J. KLEIN

A SAINT-JOSEPH

GRANDS MAGASINS DE NOUVEAUTÉS

117-119, rue Montmartre, 2, rue Joquelet

Paris.

MISE EN VENTE

DE

TROUSSEAUX POUR PENSIONS

Envoi franco d'échantillons

DANS LES DÉPARTEMENTS

Et à l'étranger

Le Catalogue pour la **saison d'hiver 1874-1875**
vient de paraître.

CREDIT à TOUT le MONDE
à l'Omnibus du Travailleur
10, 41 et 44, rue Coquillière

UN TIERS COMPTANT

le reste par semaine, par quinzaine et par mois
Meubles, Literie. Confections pour hommes et dames
Soieries, Lainages, Nouveautés et Bijouterie
100,000 CLIENTS INSCRITS

Mobilier complet — Acajou
Composé de 18 objets, pour 280 fr.

VIENT DE PARAITRE

2ᵉ édition

COMMENT ON PEUT SE MARIER

Par THIMOTHÉE TRIMM (Léo Lespès)

75 cent. — Librairie Bouguillert, 68, rue de Rivoli

CALLIGRAPHIE ET COMPTABILITÉ
Maison FAVARGER
44 — Passage Vivienne — 44

LE LUNDI 12 OCTOBRE, **Ouverture d'un Cours de Tenue des Livres théorie-pratique,** comprenant l'explication et la passation sur les Livres des opérations commerciales présentées sour leurs différents aspects depuis l'ouverture des Livres, c'est-à-dire la constitution du capital individuel ou Social, jusques et y compris l'Inventaire et la Liquidation

Les calculs de banque, d'après une méthode rapide, les comptes-courants, méthode directe ou indirecte, sont également enseignés dans ce cours dont le prix

est de .... 40 fr. } 45 fr. une fois
Les Livres nécessaires à   donnés.
l'enseignement pratique. 5 fr. }

La durée de ce cours est de deux mois; il aura lieu trois jours par semaine, les **Lundi-Mercredi-Vendredi**, à 9 heures du soir.

Les personnes qui désirent suivre ce cours, sont priées de s'inscrire quelques jours avant le 12 octobre, **galerie Vivienne, 44, Maison FAVARGER.**

GRANDE FABRIQUE
DE
MEUBLES
EN TOUS GENRES
Maison de vente
30 — rue Feydeau — 30 (près la Bourse)

Le Propriétaire de cet Établissement offre à sa clientèle les avantages suivants :
Tous les Meubles fabriqués, restant en magasin seront vendus comme suit :
Salles à Manger, vieux Chêne, composées de : un buffet, une table 3 rallonges, 6 chaises, au lieu de 600 fr..... 290 fr.
Chaises, les mêmes de 8 fr. 50 pour.. 5 f. 50
Chambres à Coucher, Palissandre, composées de : une armoire à glace, un grand lit, une table de nuit, une commode-toilette, au lieu de 1.000 fr.... 595 fr.
Un tapissier-décorateur, spécialement attaché au service de la fabrique, est à la disposition de la clientèle pour toutes les commandes à exécuter concernant les sièges, rideaux tentures, tapis, etc., etc.

PROPRIÉTAIRES : MM. ROCHETTE et Cⁱᵉ   Imprimerie PAUL LIBÉRAL et Cⁱᵉ, 20, rue St-Joseph

IMPERMÉABLES GARANTIS
PÉLERINES & MANCHES
Longueurs: 120,125,130,135 et 140.
Bleus
12.75
Gris
9.75
IMPERMÉABLES ENFANTS, GRIS,
6 ans...... 5f
8 6
10 7
12 8
14 9
ONDÉE
Modèle exclusif, Bleu, Gris et Noir
26f
26f
Pour les DAMES, les DEMOISELLES & les ENFANTS
Tous les nouveaux MODÈLES IMPERMÉABLES sont arrivés
A LA MAGICIENNE
20,000 à choisir
32fr
32fr
NEPTUNE
Modèle exclusif, Bleu, Gris et Noir
Rotondes Soie doublées fourrure ..... longueur ...110 89
115 97
120 105
125 113
130 121
Rotondes Cachemires doublées fourrure 110 65
115 75
120 85
125 95
130 105
129
Rue Montmartre
20,000 à choisir
A LA MAGICIENNE
129
Rue Montmartre
LA SEULE GRANDE SPÉCIALITÉ DE CONFECTIONS POUR DAMES & ENFANTS
IMPERMÉABLES GARANTIS
MACFERLAMS
Longueur: 120,125,130,135 et 140
Bleus
14.75
Gris
12
IMPERMÉABLES ENFANTS, BLEUS
6 ans...... 7f
8 8
10 9
12 10
14 11
RAPHAEL
Modèle exclusif, Bleu, Gris et Noir.
28f
28f
Lith. LEMER, Rue Coquillière, 22 Paris.
Boulogne (Seine). — Imprimerie JULES DOYEN et C°. — Administration : 11, rue Neuve-Saint-Augustin, à Paris.

CONCERTS

du Jardin du

MILITAIRES

Palais-Royal

1re Année. — No 70
TIRAGE QUOTIDIEN
2,000 Exemplaires

BUREAUX
et
ADMINISTRATION
20, Rue Saint-Joseph, 20.

AUX

GALERIES TURBIGO

16, rue de Turbigo, et rue aux Ours, 38

(près les Halles centrales)

MAISON SPÉCIALE DE BLANC, LINGERIE, BONNETERIE

Pour cause de cessation de Commerce

LIQUIDATION GÉNÉRALE

De toutes les Marchandises vendues avec un

Rabais Considérable

AUX GALERIES TURBIGO

Mousseline brodée pour petits et grands rideaux, le mètre	»	33
Mousseline rayée satinée, larg. 1 m. 50, à 95 c. et		75
Mouchoirs vignettes haute nouveauté, la douz.	2	40
Calicots et coton écru très-bonne qualité pour chemises	»	55
Toile crèmée pour grands draps	»	95
Bas écosse blancs et écrus sans coutures	»	25
Bas de Paris chaque paire (marquée Paris)	1	65
Chaussettes, 3 fils, diminuées, cambrées et renforcées	»	60
Bas laine mérinos pour enfants	»	80
Gilets de chasse, au lieu de 10 et 11 fr.	5	70
Chemises, cols, poignets et devant percale fine	2	35

AUX GALERIES TURBIGO

Pantalons percale (forme zouave) avec guipure	1	85
Pantalons et camisoles percale, 50 plis à la main	2	60
Chemises percale garnies et festonnées	2	45
Caracos velours de laine	1	95
Cols, haute nouveauté	»	20

16, rue Turbigo et rue aux Ours, 38
La vente ouvrira à 9 heures

VALENTINO

Concert Spectacle

Les lundi, mercredi, vendredi

BALS

Mardi, jeudi, samedi et dimanche.

PROGRAMME

du

Samedi 10 octobre 1874

PALAIS-ROYAL — de 5 à 6

GARDE RÉPUBLICAINE

CHEF : M. Sellenick

1. Robert-le-Diable . . . . MEYERBEER
2. Electric (solo de cornet à piston) SELLENICK
3. Ballo in Marchiera, 1re audition (grande fantaisie) . . . . . VERDI
4. Accélérations Walzer, 1re aud. STRAUSS

SOLISTES

MM. Maury sous-chef Trisbert, Lecerf, Letailleur, Prevet, Beckman, Graffeuille, Parès, Joseph, Clayette, Elie, Schlottman.

A SAINT JOSEPH

GRANDS MAGASINS DE NOUVEAUTÉS

117-119, rue Montmartre, 2, rue Joquelet
Paris

MISE EN VENTE

DE

TROUSSEAUX POUR PENSIONS

Envoi franco d'échantillons

DANS LES DÉPARTEMENTS

Et à l'étranger

Le Catalogue pour la **saison d'hiver 1874-1875**
vient de paraître.

CRÉDIT à TOUT le MONDE

à l'Omnibus du Travailleur
10, 41 et 44, rue Coquillière

UN TIERS COMPTANT

le reste par semaine, par quinzaine et par mois
Meubles, Literie, Confections pour hommes et dames
Soieries, Lainages, Nouveautés et Bijouterie
100,000 CLIENTS INSCRITS

Mobilier complet — Acajou
Composé de 18 objets, pour 280 fr.

VIENT DE PARAÎTRE

2e édition

COMMENT ON PEUT SE MARIER

Par THIMOTHÉE TRIMM (Léo Lespès)

75 cent. — Librairie Bouquillert, 68, rue de Rivoli.

CALLIGRAPHIE & COMPTABILITÉ
Maison FAVARGER
44 — Galerie Vivienne — 44

LE LUNDI 12 OCTOBRE, **Ouverture d'un Cours.**
Tenue des livres théorie-Pratique, comprenant l'explication et la passation sur les Livres des opérations commerciales présentées sous leurs différents aspects, depuis l'ouverture des Livres, c'est-à-dire la constitution du Capital individuel ou social, jusques et y compris l'Inventaire et la Liquidation.

Les calculs de banque, d'après une méthode rapide, les comptes-courants, méthode directe ou indirecte, sont également enseignés dans ce cours dont le prix est de . . . . 40 fr. } 45 fr. une fois
Les Livres nécessaires à l'enseignement pratique . 5 fr. } donnés.

La durée de ce cours est de deux mois; il aura lieu trois jours par semaine, les **Lundi-Mercredi-Vendredi**, à 9 heures du soir.

Les personnes qui désirent suivre ce cours, sont priées de s'inscrire quelques jours avant le 12 octobre, **galerie Vivienne, 44, Maison FAVARGER.**

GRANDE FABRIQUE
DE
MEUBLES
EN TOUS GENRES
Maison de Vente
30, rue Feydeau, 30, (près la Bourse).

Le propriétaire de cet établissement offre à sa clientèle les avantages suivants:
Tous les Meubles fabriqués, restant en magasin, seront vendus comme suit:

Salles à Manger, Vieux chêne, composées de: un buffet, une table, 8 rallonges, six chaises, au lieu de 600 fr.	390 fr
Chaises, les mêmes de 8 fr. 50 pour	5 fr. 50
Chambres à Coucher, Palissandre, composées de: Une armoire à glace, un grand lit, une table de nuit, une commode-toilette, au lieu de 1,000 fr.	585 fr.

Un tapissier-Décorateur, spécialement attaché au service de la fabrique, est à la disposition de de la clientèle pour toutes les commandes à exécuter concernant les sièges, rideaux, tentures, Tapis, etc., etc.

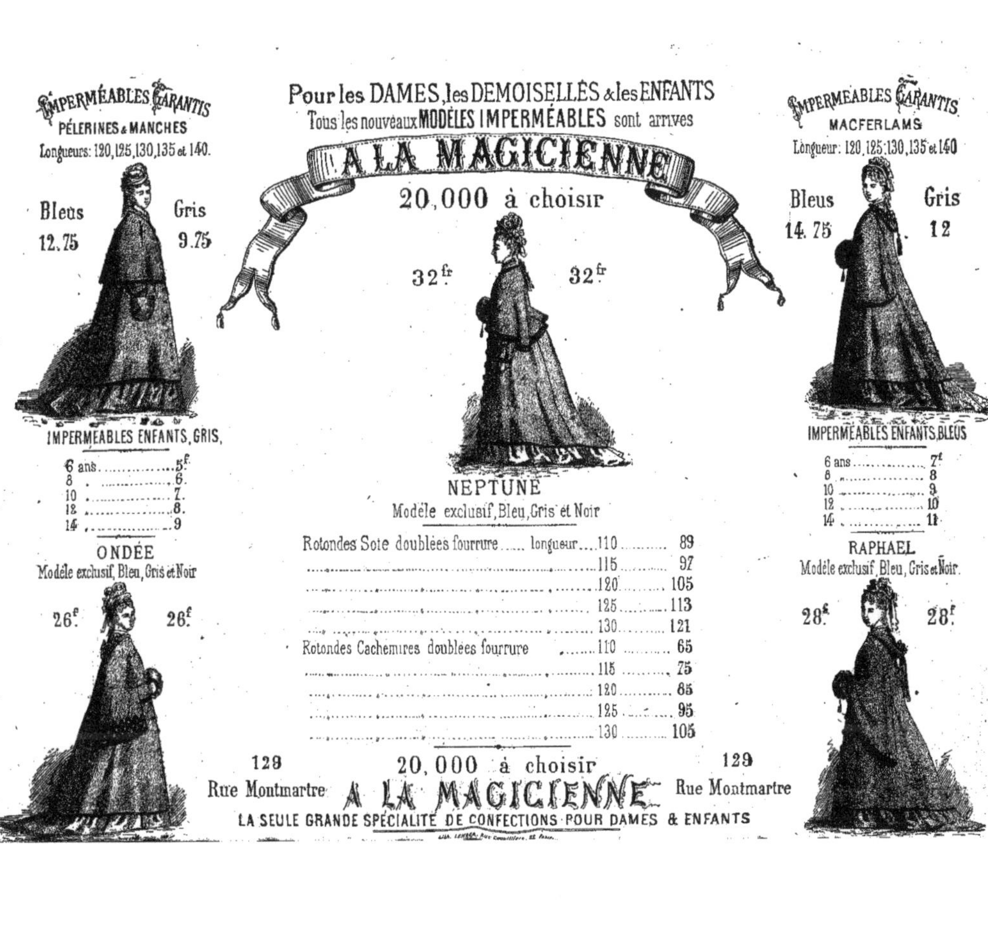

IMPERMÉABLES GARANTIS
PÉLERINES & MANCHES
Longueurs: 120,125,130,135 et 140.
Bleus
12.75
Gris
9.75
IMPERMEABLES ENFANTS, GRIS,
6 ans ... 5ᶠ
8 ... 6.
10 ... 7.
12 ... 8.
14 ... 9
ONDÉE
Modèle exclusif, Bleu, Gris et Noir
26ᶠ
26ᶠ
Pour les DAMES, les DEMOISELLES & les ENFANTS
Tous les nouveaux MODÈLES IMPERMÉABLES sont arrivés
A LA MAGICIENNE
20,000 à choisir
32ᶠʳ
32ᶠʳ
NEPTUNE
Modèle exclusif, Bleu, Gris et Noir
Rotondes Soie doublées fourrure ...... longueur ...110 89
...115 97
...120 105
...125 113
...130 121
Rotondes Cachemires doublées fourrure ...110 65
...115 75
...120 85
...125 95
...130 105
129
Rue Montmartre
20,000 à choisir
A LA MAGICIENNE
129
Rue Montmartre
LA SEULE GRANDE SPÉCIALITÉ DE CONFECTIONS POUR DAMES & ENFANTS
IMPERMÉABLES GARANTIS
MACFERLAMS
Longueur: 120,125,130,135 et 140
Bleus
14.75
Gris
12
IMPERMEABLES ENFANTS, BLEUS
6 ans ... 7ᶠ
8 ... 8
10 ... 9
12 ... 10
14 ... 11
RAPHAEL
Modèle exclusif, Bleu, Gris et Noir.
28ᶠ
28ᶠ

CONCERTS
du Jardin du

MILITAIRES
Palais-Royal

1ʳᵉ Année.—N° 71
TIRAGE QUOTIDIEN
2,000 Exemplaires

BUREAUX
et
ADMINISTRATION
20, Rue Saint-Joseph, 20,

AUX
GALERIES TURBIGO

16, rue de Turbigo, et rue aux Ours, 38

(près les Halles centrales)

MAISON SPÉCIALE DE BLANC, LINGERIE, BONNETERIE

Pour cause de cessation de Commerce

LIQUIDATION GÉNÉRALE

De toutes les Marchandises vendues avec un

Rabais Considérable
AUX GALERIES TURBIGO

Mousseline brodée pour petits et grands rideaux, le mètre	»	33
Mousseline rayée satinée, larg. 1 m. 50, à 95 c. et 75		
Mouchoirs vignettes haute nouveauté, la douz.	2	40
Calicots et coton écru très-bonne qualité pour chemises	»	55
Toile crèmée pour grands draps	»	95
Bas écosse blancs et écrus sans coutures	»	35
Bas de Paris chaque paire (marquée Paris)	1	65
Chaussettes, 5 fils, diminuées, cambrées et renforcées	»	60
Bas laine mérinos pour enfants	»	80
Gilets de chasse, au lieu de 10 et 11 fr.	5	70
Chemises, cols, poignets et devant percale fine	2	85

AUX GALERIES TURBIGO

Pantalons percale (forme zouave) avec guipure	1	35
Pantalons et camisoles percale, 50 plis à la main	2	60
Chemises percale garnies et festonnées	2	45
Caracos velours de laine	1	95
Cols, haute nouveauté	»	10

16, rue Turbigo et rue aux Ours, 38
La vente ouvrira à 9 heures

VALENTINO

Concert Spectacle

Les lundi, mercredi, vendredi

BALS

Mardi, jeudi, samedi et dimanche.

PROGRAMME
du
Dimanche 11 octobre 1874

PALAIS-ROYAL — de 5 à 6

117ᵉ DE LIGNE

CHEF : M. Schultz

1. Allegro militaire . . . . SCHULTZ
L'Ambassadrice (ouverture) . . . . . . AUBER
3. L'Adige (tyrolienne) . . . . BOUSQUET
4. Attila (air) . . . . VERDI
5. Lydie (polka) . . . . SCHULTZ

A SAINT JOSEPH

GRANDS MAGASINS DE NOUVEAUTÉS

117-119, rue Montmartre, 2, rue Joquelet
Paris

MISE EN VENTE
DE
TROUSSEAUX POUR PENSIONS

Envoi franco d'échantillons
DANS LES DÉPARTEMENTS
Et à l'étranger

Le Catalogue pour la **saison d'hiver 1874-1875**
vient de paraître.

CRÉDIT à TOUT le MONDE
à l'Omnibus du Travailleur
10, 41 et 44, rue Coquillière

UN TIERS COMPTANT

le reste par semaine, par quinzaine et par mois
Meubles, Literie, Confections pour hommes et dames
Soieries, Lainages, Nouveautés et Bijouterie
100,000 CLIENTS INSCRITS

Mobilier complet — Acajou
Composé de 18 objets, pour 280 fr.

VIENT DE PARAÎTRE
2ᵉ édition
COMMENT ON PEUT SE MARIER
Par THIMOTHÉE TRIMM (Léo Lespès)
75 cent. — Librairie Bouquillert, 68, rue de Rivoli.

CALLIGRAPHIE & COMPTABILITÉ
Maison FAVARGER
44 — Galerie Vivienne — 44

LE LUNDI 12 OCTOBRE, **Ouverture d'un Cours,
Tenue des livres théoric-Pratique**, comprenant l'explication et la passation sur les Livres des opérations commerciales présentées sous leurs différents aspects, depuis l'ouverture des Livres, c'est-à-dire la constitution du Capital individuel ou social, jusques et y compris l'Inventaire et la Liquidation.

Les calculs de banque, d'après une méthode rapide, les comptes-courants, méthode directe ou indirecte, sont également enseignés dans ce cours dont le prix est de . . . . 40 fr. } 45 fr. une fois
Les Livres nécessaires à l'enseignement pratique . 5 fr. } donnés.

La durée de ce cours est de deux mois; il aura lieu trois jours par semaine, les **Lundi-Mercredi-Vendredi**, à 9 heures du soir.

Les personnes qui désirent suivre ce cours, sont priées de s'inscrire quelques jours avant le 12 octobre, **galerie Vivienne, 44, Maison FAVARGER.**

GRANDE FABRIQUE
DE
MEUBLES
EN TOUS GENRES
Maison de Vente
30, rue Feydeau, 30, (près la Bourse).

Le propriétaire de cet établissement offre à sa clientèle les avantages suivants:
Tous les Meubles fabriqués, restant en magasin, seront vendus comme suit:
Salles à Manger, Vieux chêne, composées de: un buffet, une table, 3 rallonges, six chaises, au lieu de 600 fr. . . . . 300 fr.
Chaises, les mêmes de 8 fr. 50 pour . . 5 fr. 50
Chambres à Coucher, Palissandre, composées de: Une armoire à glace, un grand lit, une table de nuit, une commode-toilette, au lieu de 1,000 fr. . . . 585 fr.
Un tapissier-Décorateur, spécialement attaché au service de la fabrique, est à la disposition de de la clientèle pour toutes les commandes à exécuter concernant les sièges, rideaux, tentures, Tapis, etc., etc.

PROPRIÉTAIRES : MM. ROCHETTE et Cᵉ

Imprimerie PAUL LIBÉRAL et Cᵉ 20, rue St-Joseph.

IMPERMÉABLES GARANTIS
PÉLERINES & MANCHES
Longueurs: 120,125,130,135 et 140.
Bleus
12.75
Gris
9.75
IMPERMÉABLES ENFANTS, GRIS.
6 ans 5f
8 .... 6.
10 .... 7.
12 .... 8.
14 9
ONDÉE
Modéle exclusif, Bleu, Gris et Noir
26f
26f
Pour les DAMES, les DEMOISELLES & les ENFANTS
Tous les nouveaux MODÈLES IMPERMÉABLES sont arrivés
A LA MAGICIENNE
20,000 à choisir
32fr
32fr
NEPTUNE
Modéle exclusif, Bleu, Gris et Noir
Rotondes Soie doublées fourrure .... longueur 110 89
.... 115 97
.... 120 105
.... 125 113
.... 130 121
Rotondes Cachemires doublées fourrure 110 65
.... 115 75
.... 120 85
.... 125 95
.... 130 105
129
Rue Montmartre
20,000 à choisir
A LA MAGICIENNE
LA SEULE GRANDE SPÉCIALITÉ DE CONFECTIONS POUR DAMES & ENFANTS
129
Rue Montmartre
IMPERMÉABLES GARANTIS
MACFERLAMS
Longueur: 120,125,130,135 et 140
Bleus
14.75
Gris
12
IMPERMÉABLES ENFANTS, BLEUS
6 ans 7f
8 8
10 9
12 10
14 11
RAPHAËL
Modéle exclusif, Bleu, Gris et Noir.
28f
28f

CONCERTS
du Jardin du

MILITAIRES
Palais-Royal

1re Année. — N° 72
TIRAGE QUOTIDIEN
2,000 Exemplaires

BUREAUX
et
ADMINISTRATION
20, Rue Saint-Joseph, 20,

AUX
GALERIES TURBIGO

16, rue de Turbigo, et rue aux Ours, 38

(près les Halles centrales)

MAISON SPÉCIALE DE BLANC, LINGERIE, BONNETERIE

Pour cause de cessation de Commerce

LIQUIDATION GÉNÉRALE

De toutes les Marchandises vendues avec un

Rabais Considérable
AUX GALERIES TURBIGO

Mousseline brodée pour petits et grands rideaux, le mètre	»	22
Mousseline rayée satinée, larg. 1 m. 50, à 65 c. et 75		
Mouchoirs vignettes haute nouveauté, la douz.	2	40
Calicots et coton écru très-bonne qualité pour chemises	»	55
Toile crèmée pour grands draps	»	95
Bas écosse blancs et écrus sans coutures	»	25
Bas de Paris chaque paire (marquée Paris)	1	65
Chaussettes, 5 fils, diminuées, cambrées et renforcées	»	60
Bas laine mérinos pour enfants	»	80
Gilets de chasse, au lieu de 10 et 11 fr.	5	70
Chemises, cols, poignets et devant percale fine	2	25

AUX GALERIES TURBIGO

Pantalons percale (forme zouave) avec guipure	1	35
Pantalons et camisoles percale, 50 plis à la main	2	60
Chemises percale garnies et festonnées	2	45
Caracos velours de laine	1	95
Cols, haute nouveauté	»	10

16, rue Turbigo et rue aux Ours, 38
La vente ouvrira à 9 heures

VALENTINO

Concert Spectacle

Les lundi, mercredi, vendredi

BALS

Mardi, jeudi, samedi et dimanche.

PROGRAMME

du

Mardi 13 octobre 1874

PALAIS-ROYAL — de **5 à 6**

72e DE LIGNE

CHEF : M. Davergne

1. Eugénie (marche) . . . . BREPSANT
2. La Dame Blanche (ouverture) . . BOIELDIEU
3. Fantaisie sur le Camp de Châlons BREPSANT
4. Les Roses (valse) . . . . MÉTRA
5. La Violette (mazurka) . . . . . FAUST
6. L'Eclair (galop) . . . . LABITZKY

A SAINT JOSEPH

GRANDS MAGASINS DE NOUVEAUTÉS

117-119, rue Montmartre, 2, rue Joquelet
Paris

MISE EN VENTE
DE
TROUSSEAUX POUR PENSIONS

Envoi franco d'échantillons
DANS LES DÉPARTEMENTS
Et à l'étranger

Le Catalogue pour la saison d'hiver 1874-1875
vient de paraître.

CRÉDIT à TOUT le MONDE

à l'Omnibus du Travailleur
10, 41 et 44, rue Coquillière

UN TIERS COMPTANT

le reste par semaine, par quinzaine et par mois
Meubles, Literie, Confections pour hommes et dames
Soieries, Lainages, Nouveautés et Bijouterie
100,000 CLIENTS INSCRITS

Mobilier complet — Acajou
Composé de 16 objets, pour 260 fr.

---

75 cent. — Librairie Bourguillert, 68, rue de Rivoli.
Par **THIMOTHÉE TRIMM** (Léo Lespès)
COMMENT ON PEUT SE MARIER
2e édition
VIENT DE PARAITRE

CALLIGRAPHIE & COMPTABILITÉ
Maison FAVARGER
44 — Galerie Vivienne — 44

LE LUNDI 12 OCTOBRE, **Ouverture d'un Cours, Tenue des livres théorie-Pratique**, comprenant l'explication et la passation sur les Livres des opérations commerciales présentées sous leurs différents aspects, depuis l'ouverture des Livres, c'est-à-dire la constitution du Capital individuel ou social, jusques et y compris l'Inventaire et la Liquidation.

Les calculs de banque, d'après une méthode rapide, les comptes-courants, méthode directe ou indirecte, sont également enseignés dans ce cours dont le prix est de . . . . 40 fr. ⎫
Les Livres nécéssaires à l'enseignement pratique . 5 fr. ⎭ 45 fr. une fois donnés

La durée de ce cours est de deux mois ; il aura lieu trois jours par semaine, les **Lundi-Mercredi-Vendredi**, à 9 heures du soir.

Les personnes qui désirent suivre ce cours, sont priées de s'inscrire quelques jours avant le 12 octobre, **galerie Vivienne, 44, Maison FAVARGER.**

GRANDE FABRIQUE
DE
MEUBLES
EN TOUS GENRES
Maison de Vente
30, rue Feydeau, 30, (près la Bourse).

Le propriétaire de cet établissement offre à sa clientèle les avantages suivants:
Tous les Meubles fabriqués, restant en magasin, seront vendus comme suit:
Salles à Manger, Vieux chêne, composées de: un buffet, une table, 3 rallonges, six chaises, au lieu de 600 fr. . . . . 390 fr.
Chaises, les mêmes de 8 fr. 50 pour. . 5 fr. 50
Chambres à Coucher, Palissandre, composées de: Une armoire à glace, un grand lit, une table de nuit, une commode-toilette, au lieu de 1,000 fr. . . . 585 fr.
Un tapissier-Décorateur, spécialement attaché au service de la fabrique, est à la disposition de de la clientèle pour toutes les commandes à exécuter concernant les sièges, rideaux, tentures Tapis, etc., etc.

IMPERMÉABLES GARANTIS
PÉLERINES & MANCHES
Longueurs: 120,125,130,135 et 140.
Bleus   Gris
12.75   9.75
IMPERMÉABLES ENFANTS, GRIS.
6 ans .... 5f.
8 .... 6.
10 .... 7.
12 .... 8.
14 .... 9.
ONDÉE
Modèle exclusif, Bleu, Gris et Noir
26f   26f
Pour les DAMES, les DEMOISELLES & les ENFANTS
Tous les nouveaux MODÈLES IMPERMÉABLES sont arrivés
A LA MAGICIENNE
20,000 à choisir
32fr   32fr
NEPTUNE
Modèle exclusif, Bleu, Gris et Noir
Rotondes Soie doublées fourrure ..... longueur ... 110 89
115 97
120 105
125 113
130 121
Rotondes Cachemires doublées fourrure 110 65
115 75
120 85
125 95
130 105
129   20,000 à choisir   129
Rue Montmartre   A LA MAGICIENNE   Rue Montmartre
LA SEULE GRANDE SPÉCIALITÉ DE CONFECTIONS POUR DAMES & ENFANTS
IMPERMÉABLES GARANTIS
MACFERLAMS
Longueur: 120,125,130,135 et 140
Bleus   Gris
14.75   12
IMPERMÉABLES ENFANTS, BLEUS
6 ans 7f
8 8
10 9
12 10
14 11
RAPHAËL
Modèle exclusif, Bleu, Gris et Noir.
28f   28f

CONCERTS
du Jardin du

MILITAIRES
Palais-Royal

1ʳᵉ Année.—N° 73
TIRAGE QUOTIDIEN
2,000 Exemplaires

BUREAUX
et
ADMINISTRATION
20, Rue Saint-Joseph, 20,

AUX
GALERIES TURBIGO

16, rue de Turbigo, et rue aux Ours, 38

(près les Halles centrales)

MAISON SPÉCIALE DE BLANC, LINGERIE, BONNETERIE

Pour cause de cessation de Commerce

LIQUIDATION GÉNÉRALE

De toutes les Marchandises vendues avec un

Rabais Considérable
AUX GALERIES TURBIGO

Mousseline brodée pour petits et grands rideaux, le mètre	»	33
Mousseline rayée satinée, larg. 1 m. 50, à 95 c. et		75
Mouchoirs vignettes haute nouveauté, la douz.	2	40
Calicots et coton écru très-bonne qualité pour chemises	»	55
Toile crêmée pour grands draps	»	95
Bas écosse blancs et écrus sans coutures	»	25
Bas de Paris chaque paire (marquée Paris)	1	65
Chaussettes, 5 fils, diminuées, cambrées et renforcées	»	60
Bas laine mérinos pour enfants	»	80
Gilets de chasse, au lieu de 10 et 11 fr.	5	70
Chemises, cols, poignets et devant percale fine	2	35

AUX GALERIES TURBIGO

Pantalons percale (forme zouave) avec guipure	1	35
Pantalons et camisoles percale, 50 plis à la main	2	60
Chemises percale garnies et festonnées	2	45
Caracos velours de laine	1	95
Cols, haute nouveauté	»	10

16, rue Turbigo et rue aux Ours, 38
La vente ouvrira à 9 heures

VALENTINO

Concert Spectacle

Les lundi, mercredi, vendredi

BALS

Mardi, jeudi, samedi et dimanche.

PROGRAMME
du
Mercredi 14 octobre 1874

PALAIS-ROYAL — de 5 à 6

115ᵉ DE LIGNE

CHEF : M. Fajolle

1. Allegro militaire . . . . X...
2. La Poupée de Nuremberg (ouv.) . ADAM
3. La Favorite (récitatif et air) . . . DONIZETTI
4. Les Porcherons (rondo) . . . . . . GRISART
5. La Sensitive (grande valse) . . . . DŒRING

A SAINT JOSEPH

GRANDS MAGASINS DE NOUVEAUTÉS

117-119, rue Montmartre, 2, rue Joquelet
Paris

MISE EN VENTE
DE
TROUSSEAUX POUR PENSIONS

Envoi franco d'échantillons

DANS LES DÉPARTEMENTS

Et à l'étranger

Le Catalogue pour la **saison d'hiver 1874-1875**
vient de paraître.

CRÉDIT à TOUT le MONDE

à l'Omnibus du Travailleur
10, 41 et 44, rue Coquillière

UN TIERS COMPTANT

le reste par semaine, par quinzaine et par mois
Meubles, Literie, Confections pour hommes et dames
Soieries, Lainages, Nouveautés et Bijouterie
100,000 CLIENTS INSCRITS

Mobilier complet — Acajou
Composé de 18 objets, pour 280 fr.

VIENT DE PARAITRE

2ᵉ édition.

COMMENT ON PEUT SE MARIER

Par **THIMOTHÉE TRIMM** (Léo Lespès)

75 cent. — Librairie Bouquillert, 68, rue de Rivoli.

CALLIGRAPHIE & COMPTABILITÉ
Maison FAVARGER
44 — Galerie Vivienne — 44

LE LUNDI 12 OCTOBRE, **Ouverture d'un Cours,
Tenue des livres théorie-Pratique**, comprenant l'explication et la passation sur les Livres des opérations commerciales présentées sous leurs différents aspects, depuis l'ouverture des Livres, c'est-à-dire la constitution du Capital individuel ou social, jusques et y compris l'Inventaire et la Liquidation.

Les calculs de banque, d'après une méthode rapide, les comptes-courants, méthode directe ou indirecte, sont également enseignés dans ce cours dont le prix est de . . . . 40 fr. } 45 fr. une fois
Les Livres nécessaires à l'enseignement pratique . 5 fr. } donnés

La durée de ce cours est de deux mois; il aura lieu trois jours par semaine, les **Lundi-Mercredi-Vendredi**, à 9 heures du soir.

Les personnes qui désirent suivre ce cours, sont priées de s'inscrire quelques jours avant le 12 octobre, **galerie Vivienne, 44, Maison FAVARGER.**

GRANDE FABRIQUE
DE
MEUBLES
EN TOUS GENRES
Maison de Vente
30, rue Feydeau, 30, (près la Bourse).

Le propriétaire de cet établissement offre à sa clientèle les avantages suivants:
Tous les Meubles fabriqués, restant en magasin, seront vendus comme suit:
Salles à Manger, Vieux chêne, composées de: un buffet, une table, 3 rallonges, six chaises, au lieu de 600 fr. . . . . 300 fr.
Chaises, les mêmes de 8 fr. 50 pour . . 5 fr. 50
Chambres à Coucher, Palissandre, composées de: Une armoire à glace, un grand lit, une table de nuit, une commode-toilette, au lieu de 1,000 fr. . . . 585 fr.

Un tapissier-Décorateur, spécialement attaché au service de la fabrique, est à la disposition de de la clientèle pour toutes les commandes à exécuter concernant les sièges, rideaux, tentures Tapis, etc., etc.